OEUVRES

DE

PAUL FÉVAL

---—◆—---

1

PARIS,
PAUL PERMAIN ET C⁽ᵉ⁾, ÉDITEURS
30, RUE MAZARINE

EN VENTE:

PAUL FÉVAL.

Le Château de velours	2 vol. in-8.
Beau Démon	2 vol. in-8.
Le Jeu de la Mort	9 vol. in-8.
Un drôle de Corps	2 vol. in-8.
Les Ouvriers de Paris	2 vol. in-8.
Le Château de Croïat	2 vol. in-8.
Les Bandits	2 vol. in-8.

EUGÈNE SUE.

L'Amiral Levacher	2 vol. in-8.

MARQUIS DE FOUDRAS.

Les Aventures de Monsieur le Baron	4 vol. in-8.
Pauvre Thérèse	2 vol. in-8.
Arthur de Varennes	2 vol. in-8.
Le Duc d'Athènes (Préface)	3 vol. in-8.
Mémoires d'un Roi	4 vol. in-8.
Louis de Gourdon	5 vol. in-8.

G. DE LA LANDELLE.

Les Jeunes Filles	2 vol. in-8.
Le Toréador	2 vol. in-8.
Le Roi des Rapaces	4 vol. in-8.
Le Docteur Esturgeot	2 vol. in-8.

ÉMILE SOUVESTRE.

Marguerite et Béatrix	2 vol. in-8.

CHARLES DESLYS.

La Millionnaire	2 vol. in-8.
La Mère Rainette	6 vol. in-8.

LÉON GOZLAN.

Les Nuits du Père Lachaise (épuisé)	3 vol. in-8.

MICHEL MASSON.

Mauricette (Mariage pour l'autre Monde) . . .	3 vol. in-8.

LA COMTESSE D'ORSAY.

La Fontaine des Fées	2 vol. in-8.
L'Ombre du Bonheur	3 vol. in-8.

HIPPOLYTE CASTILLE.

Les Ambitieux	4 vol. in-8.
Les Jeunes Filles (avec M. de La Landelle.) .	2 vol. in-8.

CÉNAC MONCAUT.

Raymond de Saint-Gilles	3 vol. in-8.
L'Échelle de Satan	2 vol. in-8.

COMTESSE D'ASH.

Une Chanoinesse	4 vol. in-8

Impr. de E. Dépée, à Sceaux.

OEUVRES

DE

PAUL FÉVAL

PARIS
PAUL PERMAIN ET Cⁱᵉ, ÉDITEURS,
30, RUE MAZARINE.

ENVOI A MA MÈRE.

On me demande parfois, ma bonne et chère mère, pourquoi je parle toujours de la Bretagne, et pourquoi, si souvent, le nom de Rennes revient sous ma plume. C'est que tu es à Rennes, et avec toi tous ceux que j'aime.

Je parle de la Bretagne et de Rennes, parce que je pense à toi, toujours, parce que mon cœur est avec toi, parce que, en parlant de Rennes et de la Bretagne, il me semble que je te parle ou que je parle de toi.

Je t'envoie ce livre que tu liras la première. S'il te fait passer quelques bonnes heures avec mon souvenir, j'aurai obtenu le plus cher de tous les succès.

Ton fils respectueux,

PAUL FÉVAL..

LE
CHATEAU DE VELOURS

PREMIÈRE PARTIE.

LE MAL D'ENFER.

CHAPITRE PREMIER.

Où l'on fait connaissance avec Malbrouk, Pichonet et mademoiselle Blanche.

Le gai soleil des premiers jours de juin souriait dans les tilleuls de l'hôtel de Noyal. Les rosiers en pleine fleur étalaient leurs bouquets parfumés. L'air était tiède et bon. En passant parmi ces vertes charmilles et ces maronniers aux aigrettes fières, en frôlant ces mille fleurs du printemps, si doucement charmantes, la brise molle s'imprégnait de joyeuses senteurs.

Il faut vous dire que l'hôtel et les jardins du marquis de Noyal étaient les merveilles de Rennes, capitale de la province de Bretagne.

L'hôtel était un tout petit palais, flanqué de deux tourillons à toits pointus, guillochés comme des pièces d'orfèvrerie. On montait à la maîtresse-porte, dont les vitraux lozangés laissaient voir une miniature de vestibule, par un perron de marbre blanc. — Sous le perron, c'était une terrasse en fer à cheval, ramenant ses deux courbes à un grand escalier de brèche rouge, qui joignait une seconde terrasse à pente douce, plantée d'arbres séculaires et descendant jusqu'à la pelouse.

La pelouse descendait encore, déployant le velours de ses gazons autour des statues mythologiques.

Car on n'avait pas encore ce suprême béotisme de placer dans les jardins, — pour réjouir l'œil des promeneurs : Spartacus, l'ennuyeux esclave qui fronce perpétuellement le sourcil en brisant toujours ses chaînes, ou le vieil Épaminondas, maigre et triste dans ses rides, se faisant à lui-même la douloureuse opération qui mit fin à ses jours.

Pour orner les gazons verts ou l'éclatante mosaïque des parterres, on faisait appel à la beauté souriante, à la force calme, à la divine majesté.

De bonne foi, que font ces cheveux plats, ces casques revêches, ces muscles révoltés, ces jambes cagneuses parmi les lilas et les roses?

Après la pelouse, la pièce d'eau tranquille et bleue.

Au delà encore, les méandres symétriques des plates-bandes et les corbeilles bombées étageant autour du rosier souverain l'amphithéâtre des fleurs vassales.

Puis c'étaient les mystérieuses charmilles sombres et mêlant à l'infini les détours de leur labyrinthe, la grotte de Pan, toutes ces choses ravissantes qui font sourire de pitié un *true gentleman*.

Pour excuse, nous dirons qu'on était au milieu du dix-huitième siècle; et qu'il fallait encore une centaine d'années pour arriver au jambon inondé de thé, au roast-beef à l'art constitutionnel, aux cure-dents mécaniques, aux ballons qui enlèvent des trapèzes, à toutes les allégresses enfin de notre miraculeuse civilisation.

Le 3 juin 1749 était le jour de clôture des États de Bretagne.

M. le marquis de Noyal, député de la noblesse pour la ville de Saint-Aubin-du-Cormier, avait choisi ce jour-là pour donner une fête aux dames.

Il était riche, ce marquis de Noyal, et assez magnifique. Bonne noblesse, du reste, honnête seigneur, et n'ayant jamais été soupçonné d'avoir inventé la poudre.

Ces qualités réunies n'auraient point

suffi peut-être pour mettre à la mode le nom de Noyal dans une ville d'États, où les fortunes étaient grandes, où les familles historiques abondaient, et où les luttes parlementaires aiguisaient les intelligences. Il est certain, cependant, que ce nom de Noyal faisait fureur.

Voici pourquoi :

Dans cette merveille mignonne, l'hôtel de Noyal, il y avait une autre merveille, appartenant également à M. le marquis.

Marielle, la blonde aux yeux noirs ; Marielle, l'incomparable; Marielle, la divine, — Marielle de Noyal, qui avait dix-huit-ans tout à l'heure, et dix amoureux pour chacune de ses dix-huit années.

Vous verrez comme Rennes tout entier l'adorait, cette chère beauté. Rennes qui jette à peine un regard dédaigneux aux plus jolies, tant il est habitué à voir la grâce noble rayonner dans son atmosphère brumeuse; vous verrez comme Rennes la suivait, idolâtre, subjugué, triste de sa mélancolie et souriant à ses sourires...

Les jardins de l'hôtel de Noyal occupaient le revers de ce côteau unique dans l'enceinte de la capitale bretonne, qui a pour couronne les grands arbres du Thabor et descend au port de Viarmes, sur la Vilaine, en passant par le Croco et l'Hôpital Général. La promenade du Thabor était alors l'enclos abbatial de Saint-Melaine. Les constructions diverses qui couvrent aujourd'hui la montée, manquaient pour la plupart. Des murs de l'enclos au terre-plein de la Motte, il n'y avait que deux ou trois maisons, des champs et des jardins.

La Motte elle-même, divisée en deux compartiments dont les niveaux différents indiquaient l'origine guerrière, attendait encore cette fontaine non-pareille, avec jets, bassins, cascades, etc., qui n'a d'eau que les jours de grande pluie.

Cette pauvre fontaine regarde d'en haut la Vilaine qui coule à quelques vingt mètres au-dessous d'elle. — On dit que sa naïade, mourant de soif, pleure chaque fois qu'elle aperçoit l'arc-en-ciel, car ce signe miséricordieux lui défend d'espérer un second déluge. — A l'heure fatale de minuit, on l'entend qui tousse et qui maudit l'algèbre aride, l'Ecole polytechnique et les ponts et chaussées.

Entre l'ancienne abbaye et les murs du jardin de l'hôtel, il y avait un terrain nu et sablonneux où un pauvre homme avait bâti une petite cabane.

Ce pauvre homme était de sa profession danseur de corde. Les gens de Rennes ne le connaissaient que sous le nom de Malbrouk.

Il était jeune, robuste et beau de cette rude beauté qui prend parfois le cœur des femmes. Une lingère de Rennes, veuve, aisée et jeune encore, s'était éprise de lui à son arrivée dans le pays. Bien qu'elle eût épousé le danseur de corde, on continuait à l'appeler la Chaumel, du nom de feu son premier mari.

Son fils, qui pouvait avoir quatorze ans, se nommait Adrien Chaumel, — mais Malbrouk lui avait donné le sobriquet de Pichenet.

Tout le monde l'appelait Pichenet.

Malbrouk avait mangé — ou bu — en quelques semaines les économies de sa femme.

Quand les économies furent mangées — ou bues, — ou plutôt, car il faut de la raison, bues et mangées, Malbrouk prit la coutume de battre sa femme à ses heures de méchante humeur.

Ces heures là sonnaient toute la journée.

Or, Malbrouk était fort comme un hercule du Nord, et n'y allait pas de main morte.

Une fois, Pichenet se mit au devant de sa mère, pour la protéger ; Malbrouk le prit par le cou et le lança dehors.

Voyez le malheur! Il arriva ceci :

Pichenet, charmant enfant, souple et léger, ne se fit point trop de mal en tombant. Trois écorchures et quelques bosses. Ce fut un trait de lumière pour Malbrouk.

— Jarnidieu! dit-il en oubliant presque de battre la Chaumel, — Pichenet fera un danseur de corde !

Et Pichenet fut danseur de corde.

Il commença immédiatement son cours de funambulisme.

Malbrouk planta un poteau devant la porte de sa masure et tendit une corde qui allait s'attacher à une grosse branche d'arbre, appartenant au jardin de M. le marquis de Noyal et passant par dessus son mur.

Du jardin de l'hôtel on voyait parfaitement le terrain aride et nu où s'élevait la pauvre cabane de Malbrouk, — et réciproquement.

M. le marquis de Noyal, peu flatté de ce voisinage, avait proposé à Malbrouk de lui payer sa cabane le triple de sa valeur.

Malbrouk avait haussé les épaules fièrement. Il aimait l'argent beaucoup, mais il aimait encore davantage la satisfaction que l'on éprouve à molester un ennemi.

Or, sans qu'il s'en doutât, le marquis, à cause de sa richesse, à cause de son bonheur, était l'ennemi de Malbrouk.

Malbrouk n'était pas, croyez-le bien, le type de l'homme du peuple. L'homme du peuple est généreux et bon neuf fois sur dix. — Mais pourquoi se dissimuler que parmi le peuple, il y a de ces natures sauvages et viciées, en qui l'énergie, ce don de Dieu, n'est qu'un danger de plus ?

Malheureusement, ce sont ces natures que les poètes du mal vont chercher pour les placer sur le piédestal. On gagne de l'argent à flatter ce secret sentiment qui pousse toujours le cœur de l'homme à la révolte.

On s'écrie, les larmes aux yeux et le poison au bout de la plume :

Celui-là eût été un héros si la société inique et impie n'eût fait de lui un criminel !

Les crocodiles aussi ont souvent la larme à l'œil.

Malbrouk refusa donc de céder sa cabane. Il était dans son droit. Le marquis planta un rideau de peupliers le long du mur et n'y songea plus.

Mais les peupliers tardaient à grandir.

Et chaque jour Pichenet, — le pauvre

Pichenet! — passait de longues heures à regarder ces beaux gazons où parfois glissait une radieuse apparition :

Marielle avec sa couronne de cheveux blonds.

Marielle n'avait sans doute jamais vu le pauvre Pichenet.

Mais M. le marquis de Noyal avait une autre fille que Marielle, une vraie petite fille celle-là! Ange et démon, comme dirait un romantique.

Une espiègle! une rieuse! et si bonne!

Elle avait nom Blanche.

On ne faisait pas encore grande attention à elle, ce qui la contrariait assez.

Mais pas trop, au demeurant, pourvu qu'elle pût courir comme une biche sous les charmilles, défier les oiseaux chanteurs avec sa voix claire et joyeuse, bondir sur le gazon, — puis s'asseoir pensive et rêver.

A quoi?

A quoi? Seigneur Dieu! Elle avait douze ans bientôt. Si j'osais, je vous demanderais, madame, à quoi vous rêviez hier. Était ce rubans déjà, dentelles et parures? Ce n'était plus poupée. Ce n'était pas amour...

Mais voilà, vous ne vous souvenez plus. Hier est si loin! Aujourd'hui est si beau!

Tout en rêvant, Blanche regardait parfois du côté de la cabane de Malbrouk. Elle assistait en quelque sorte à ce drame triste qui se jouait sur le tertre entre le danseur de corde, la Chaumel et le petit Pichenet. Elle voyait la femme pleurer et l'enfant s'agenouiller près d'elle.

Le cœur de Blanche se serrait.

Quand ce féroce coquin de Malbrouk avait bien battu sa pauvre femme, il allait se calmer au cabaret. La Chaumel et Pichenet restaient seuls.

C'étaient alors des scènes de consolante tendresse. Ce qui se disait, Blanche ne l'entendait point, mais elle devinait. On pleurait d'abord, puis les larmes de la pauvre mère se séchaient sous les baisers. Elle souriait. Puis encore, Pichenet redressait sa taille grêle, mais gracieuse, et Blanche comprenait qu'il menaçait.

Il devait dire :

— Quand je vais être un homme, mère, on ne te battra plus !

Et la Chaumel le calmait à son tour, prenant sa tête blonde à pleine mains et la serrant contre son cœur.

En ces moments, si la voix de Marielle

ou du marquis appelait Blanche tout à coup, elle tressaillait, étonnée de trouver ses yeux pleins de larmes.

Pourquoi le cacher? Blanche, comme tout le monde, avouait qu'Albert était le plus joli cavalier de la province. Blanche rougissait quand Albert lui souriait. Elle se moquait de lui, un peu, mais elle savait comment les fers de son cheval frappaient le chemin caillouteux. Et son petit cœur battait... un peu.

Albert allait avoir seize ans. Il était grand; ses cheveux noirs et brillants bouclaient sur son front. Il montait à cheval presque aussi bien que Lacuzan, c'est à dire comme un ange; il dansait à ravir, et n'avait que Lacuzan pour maître. Quant à l'escrime, si Lacuzan n'eût pas existé,

Albert aurait été l'Achille de l'académie rennaise.

Mais qui diable eut essayé de l'emporter sur Lacuzan? le beau Lacuzan!

Henry du Grail-Lacuzan, comte de Lacuzan, chevalier des ordres et lieutenant-colonel des dragons de Conti.

L'homme que le succès allait chercher humblement et qui ne daignait pas même dire au succès : Sois le bienvenu !

Nous reparlerons de ce Lacuzan plutôt cent fois qu'une.

C'est à lui qu'appartenait le magnifique château du Grail, qui fut depuis la terreur de la contrée sous le nom de château de Velours.

Blanche aimait beaucoup ce Lacuzan. Ainsi, vous voyez, voici déjà trois personnes à qui Blanche pouvait rêver, si décidément elle ne songeait plus à sa poupée.

Pichenet, Albert et Lacuzan.

Sur les trois, Albert seul mettait à sa joue une teinte plus rose. C'est qu'une fois sa grande sœur Marielle lui avait dit en riant :

— Blanche voici ton petit mari qui passe.

— Pas si petit ! avait murmuré Blanche offensée.

Et Marielle de rire plus fort.

Vous n'empêcherez jamais ces grandes demoiselles de molester les fillettes !

Albert était, du reste, un excellent parti. Il avait nom Coëtlogon, et M. le lieutenant du roi, son oncle, le traitait comme son fils.

Un matin, Blanche se leva avant le soleil.

Elle descendit le perron et s'en alla donner de grands coups de poing dans la porte du vieux Lapierre, jardinier de M. le marquis de Noyal.

— Holà! que voulez-vous, notre demoiselle? demanda Lapierre qui vint ouvrir en se frottant les yeux.

Blanche était plus rouge qu'une cerise.

Elle avait le regard en dessous et son sourire n'était pas trop franc, pour sûr.

— Ce que je veux, Lapierre, dit-elle en prenant un air indifférent; — je suis folle de t'éveiller pour cela!... c'est une idée que j'ai eue cette nuit... Dis donc... ça coûte cher, n'est-ce pas, pour réparer les murailles du jardin quand elles tombent?

Ce fut pour le coup que le vieux Lapierre se frotta les yeux!

— Je songe creux! grommela-t-il. —

Notre petite demoiselle qui pense aux réparations au lieu de dormir !....

— N'est-ce pas, répéta Blanche, — que ça coûte cher?

— Mais, dam!... répliqua le jardinier, ça ne fait pas de doute que si la brèche est tant seulement grande comme la porte de la cour, faut débourser déjà pas mal d'écus de six livres pour la boucher.

— Là! s'écria Blanche avec triomphe, j'en étais sûre?

Lapierre la regarda, stupéfait.

— Je deviens raisonnable, vois-tu bien, Lapierre, reprit la fillette d'un ton confidentiel; — je réfléchis... je pense à mes intérêts.

— Ah bien!... ah bien!... murmura le jardinier, — tout de même, ça ne fait rien, j'aurais pas cru que ça vous empêchât de dormir, ces choses-là, mam'selle Blanche !

La jeune fille détourna les yeux, mais elle avait son idée en tête.

— Si vous n'y prenez garde, prononça-t-elle d'un petit ton sec et impérieux, — il y aura bientôt une brèche plus grande que la porte de la cour.

— Où ça, notre demoiselle ?

— Venez voir !... puisqu'il faut que ce soit moi qui vous montre votre besogne.

Mademoiselle Blanche faisait de la dureté pour cacher son embarras.

Elle traversa la pelouse d'un pas rapide et résolu.

— L'herbe est mouillée, pensait le vieux jardinier, — elle n'y fait pas tant seulement attention ! Faut-il qu'au jour d'aujourd'hui les jeunesses soient plus avaricieuses que les gens d'âge.

Et il ajoutait, en hochant la tête :

— Ah bien ! ah bien ! j'aurais pas cru ça de la petite demoiselle Blanche !

La petite demoiselle Blanche avait l'air de se soucier fort peu du *qu'en dira-t-on ?*

Elle veillait à ses intérêts.

Le jardinier la suivait maintenant sans mot dire.

Elle ne s'arrêta qu'au mur de clôture séparant le jardin de ce terrain sablonneux où s'élevait la cabane de Malbrouk.

— Voyez ! dit-elle en montrant la muraille.

Le vieux Lapierre regarda de tous ses yeux.

Il ne vit rien, et il en fit l'aveu.

— Comment ! s'écria Blanche qui frappa son petit pied contre le sable avec impatience; — comment, vous ne voyez pas que cette grosse branche entame le mur!

Lapierre se prit à sourire.

— Ah! ah! fit-il; — ce n'est que ça, notre demoiselle?...

— Vous trouvez que ce n'est rien, vous, maître Lapierre! dit Blanche d'un ton provoquant.

— Ma foi, notre demoiselle, voilà vingt ans que je suis chez M. le marquis... puisqu'aussi bien j'y étais depuis huit ans quand vous êtes venue au monde... et j'ai toujours vu cette grosse branche à la place où elle est.

La pauvre Blanche fut désarçonnée du coup. Elle n'avait pas compté sur tant de résistance!

— Ainsi, poursuivait le victorieux Lapierre, si vous n'avez pas d'autre souci, notre demoiselle, vous pouvez vous remettre au lit et faire la grasse matinée.

Il toucha son bonnet de laine et reprit la route de sa cabane.

— Je vous dis, je vous dis!... faisait-il tout en marchant; — n'y a plus d'enfants!... Une petite bouche de chérubin qui se mêle de parler d'affaires... Mais je vous dis : Ça était comme ça avant nous et ça nous enterrera net dans cinquante ans d'ici...

— Ah! dam! s'interrompit-il, — dans cinquante ans, par exemple, mam'selle Blanche aura le droit de parler réparation avec mon successeur...

Il s'arrêta brusquement et se retourna.

— Blanche l'appelait.

Blanche était restée un instant étonnée et vaincue.

Mais elle était brave et n'abandonnait pas ainsi le champ de bataille.

Au bout d'une minute, elle se redressa, secouant les boucles brunes de ses cheveux et fronçant ses sourcils mutins.

— Il faut que cette vilaine branche disparaisse! dit-elle; je le veux!

Lapierre revint; Blanche le regarda d'un air contrit.

Elle pleurait presque.

— Tu es un méchant, Lapierre, murmura-t-elle; j'ai voulu te faire croire que je m'occupais des réparations, parce que...

parce que j'étais honteuse de t'avouer que j'avais peur...

— Tiens! tiens! fit le jardinier, — j'aime mieux ça... c'est plus dans son âge, et, comme on dit quelquefois, dans son sexe.

— Tu es un méchant!... répéta mademoiselle Blanche.

— Si je savais de quoi vous avez peur, notre demoiselle... commença l'honnête Lapierre.

— Tu le sais bien... tu fais semblant...

— Dites-le moi seulement.

— Eh bien! c'est cette vilaine branche qui pend par-dessus le mur... J'ai peur des voleurs.

Lapierre se gratta le front.

— Quant à ça, dit-il, voilà... Ça n'est pas impossible que ça pourrait peut-être leur servir d'échelle pour y grimper sur le mur... Quoique, depuis vingt ans...

— J'ai peur, Lapierre!...

— Voilà... c'est plus fort que nous!... quand on a peur, on bat la campagne... Avec ça que ce saltimbanque de Malbrouk et son maigrot de Pichenet ne se gêneraient guère pour sauter de ce côté-ci de la muraille...

Blanche n'ouvrit pas la bouche pour défendre Pichenet.

— Tiens, Lapierre, dit-elle, prend bien vite ta hache et coupe-moi cette branche... je t'en prie!

Lapierre prit sa hache.

La branche, vigoureusement attaquée, tomba au bout de quelques minutes.

En la voyant tomber, mademoiselle Blanche frappa ses jolies petites mains l'une contre l'autre et poussa un cri de triomphe.

— Comme ça, vous n'aurez plus peur? dit le jardinier.

— Oh! merci! merci! mon bon Lapierre!

Elle disparut en bondissant derrière les charmilles.

— Il paraît tout de même, pensa Lapierre en s'essuyant le front, que ça la tenait fièrement, cette peur-là, notre demoiselle!

La vilaine branche était celle qui servait à tendre la corde ou Malbrouk faisait danser Pichenet.

Il n'y en avait pas d'autre.

Et, naïvement, mademoiselle Blanche de Noyal pensait avoir délivré le pauvre Pichenet à tout jamais de sa torture.

Hélas! il suffisait de planter un second poteau.

Tant de diplomatie dépensée en pure perte !

Tout ce matin-là, cependant, Blanche fut bien heureuse.

Et comme Albert de Coëtlogon passa sous ses fenêtres, par hasard, elle lui envoya le plus mignon de ses sourires.

CHAPITRE II.

Éducation de Pichenet. — Portrait sur émail.

Quand Malbrouck vit qu'on lui avait coupé sa branche, il entra en fureur.

— Ces riches! dit-il; ces riches sont sans pitié!

Pour se consoler, il battit la Chaumel un peu plus que de coutume; après quoi, il ordonna à Pichenet de planter un second poteau. Et tout fut comme devant.

De sorte que, le lendemain, Blanche vit encore le pauvre Pichenet en équilibre sur la corde raide.

Il y avait au bout du jardin une petite tonnelle perchée sur un cavalier.

La tonnelle était toute tapissée de vigne vierge, de clématites et de fleurs de la passion, qui présentaient à l'extérieur une haie de verdure impénétrable. — Mais, de l'intérieur, quand le doigt écartait quelques feuilles, le regard curieux pouvait se glisser au dehors.

C'était là l'observatoire de Blanche.

Elle n'avait jamais parlé à Pichenet. Mais tous les jours, sans se rendre compte du sentiment qui l'entraînait, elle montait à la tonnelle.

Elle savait la vie de Pichenet et de sa

mère, leurs douleurs poignantes, leurs pauvres joies.

Malbrouck vivait au cabaret. La mère et le fils avaient de bonnes heures. Le pain manquait parfois dans la cabane; mais une assistance mystérieuse venait toujours aux heures de dénûment absolu.

Pichenet et sa mère bénissaient la providence inconnue, et Blanche souriait en pleurant à les voir dévorer avidement tous les deux.

Puis elle descendait, le cœur content, et ses chants joyeux retentissaient sous la charmille.

Après le repas, Pichenet se retirait toujours dans le pauvre réduit qui lui servait de chambre. Il y avait là une demi-douzaine de bouquins poudreux. Pichenet travaillait avec une ardeur de fiévreux, jusqu'à ce que Malbrouk vint l'arracher brutalement à son étude en lui criant :

— A ta corde, fainéant !

Ou bien encore jusqu'à ce que Pichenet lui-même, tombant dans une distraction irrésistible, laissât aller son regard qui toujours se dirigeait du même côté.

Marielle, la blonde merveille de Rennes, avait son coin favori comme sa petite sœur Blanche.

Elle s'asseyait d'ordinaire sur un banc de gazon qui était juste en face de la fenêtre de Pichenet.

Tantôt seule et rêveuse, tantôt parcourant un volume de poésie, tantôt entourée d'adorateurs et sans rivale au milieu de ses compagnes.

Une fois que le regard de Pichenet avait rencontré ce banc de gazon, il ne s'en détachait plus.

Tout était oublié; la science ardemment convoité et qui devait être le salut de sa mère, la misère supportée avec courage, les regrets d'un passé moins triste, les espérances et les douleurs, tout!

Pichenet regardait.

Le pauvre enfant affamé, la victime d'un despotisme odieux et brutal, l'esclave voué malgré lui à un métier infâme, restait là de longues heures à contempler celle qui régnait par la beauté, par la grâce, par la noblesse, sur la foule opulente.

Celle dont le sourire était comme un

prix ineffable, disputé entre des centaines d'adorateurs.

Marielle de Noyal, la fille aînée du marquis de Noyal, l'héritière, la fière, l'heureuse entre toutes, — la reine des vierges nobles, le diamant de cet écrin de beautés.

Marielle, qui refusait la main des princes !

Pichenet l'aimait.

Ou plutôt Pichenet l'adorait, car il n'y avait rien de terrestre dans cette contemplation exaltée qui ressemblait à un culte.

Souvent la Chaumel venait voir tout doucement et sans bruit si son fils ne se fatiguait point trop à son travail.

Elle avait beau marcher sur la pointe des pieds, Pichenet l'entendait et remettait ses yeux sur son bouquin avec précipitation.

Mais une fois, il y avait de grands éclats de joie dans le jardin de l'hôtel. On riait à gorge déployée, et le bruit qui arrivait jusqu'au trou de Pichenet, l'empêcha d'entendre sa mère.

La Chaumel s'arrêta sur le seuil, et ses yeux se mouillèrent.

Elle avait vu Pichenet, pâle, le regard ardent, la bouche entr'ouverte.

Et ce regard ardent, elle l'avait suivi.

— Pauvre enfant!... oh! pauvre enfant! murmura-t-elle.

Pichenet tressaillit et demeura comme atterré.

Puis il se jeta dans les bras de la Chaumel en disant :

— Je n'aime que toi, ma mère!

Et c'était bien vrai, du moins Pichenet le croyait. Il n'aimait que sa mère.

Le reste, c'était comme un rêve féerique qui éblouissait sa tête et son cœur.

Cette Marielle était une enchanteresse. Dès qu'elle apparaissait, un rayon illuminait la sombre tristesse de la retraite de Pichenet.

Croyez-le : un rayon plus vif et plus chaud que les rayons du soleil.

Et pourtant Pichenet ne mentait pas. Il n'aimait que sa mère.

Si sa mère lui avait dit : Je ne veux plus que tu la regardes, il aurait laissé tomber la serpillière qui servait de chassis à sa croisée, et il se serait engourdi dans son sacrifice.

Mais la Chaumele ne lui dit point cela.

Elle ne dit que : — Pauvre enfant! oh! pauvre enfant!

Le soir, sa prière monta vers Dieu avec ses larmes.

Pichenet qui l'entendit pleurer, mit sa tête entre ses mains et s'interrogea lui-même pour la première fois.

Mais écoutez, il n'avait que quatorze ans.

Il pleura, lui aussi, et répéta en pleurant :

— Non, non! je n'aime que ma mère!

———

Par un beau jour du mois de mai, Malbrouk dit à l'enfant :

— A ta corde!

Et comme Pichenet ne quittait pas ses

bouquins assez vite, il le poussa rudement.

Pichenet monta sur la corde tendue, maudissant son sort et se demandant combien durerait son martyre.

Sans sa mère, depuis bien longtemps, il se serait enfui. Mais laisser sa mère toute seule en face de cette bête féroce de Malbrouk! il restait et obéissait pour que sa résistance ne retombât pas sur sa mère.

Le voilà donc sur sa corde, le cœur bien gros et le balancier à la main.

Jusqu'alors, il n'avait fait qu'obéir et ses efforts tendaient uniquement à ne point tomber du haut de l'appareil sur le sable.

Mais ce jour-là, Marielle était sur le banc de gazon.

Pichenet vit bien qu'elle le regardait.

Il eût voulu rentrer sous terre, car il était noble de cœur autant que pas un fils de gentilhomme, et la conscience de sa misère l'écrasa.

Mais il n'avait que quatorze ans.

Et il lui sembla que les beaux yeux de Marielle s'attachaient sur lui avec curiosité, avec intérêt, peut-être.

Il y a des hommes graves, établis, *bien posés,* qui font des folies pour des femmes laides.

Ceci n'est pas contestable.

Ayez donc pitié, je vous prie, du pauvre Pichenet, s'il devint fou pour l'amour de la plus belle fille du monde!

A quatorze ans! vous trouvez que c'est beaucoup trop tôt?

Hélas! il m'est arrivé si souvent, en

voyant les vilaines amours des hommes graves, de m'écrier : C'est trop tard.

D'ailleurs, Picheret était bien malheureux. Cela vieillit.

Toujours est-il que le vertige le prit, le pauvre petit; non point ce vertige qui tourne la tête et précipite en bas, mais ce vertige qui tourne la tête et soutient, et pousse en avant, — le vertige des audacieux et des glorieux.

Une chaleur enivrante lui monta du cœur à la tête.

Il se sentit tout à coup si robuste qu'il eût brisé son lourd balancier comme un brin de paille séchée.

Et dans ce qui faisait tout à l'heure son humiliation, il plaça fougueusement toute sa vanité.

Orgueil et honte! Deux maladies pareilles qui ont des symptômes contraires.

Marielle l'avait regardé. Il fallait mourir ou briller.

Ah! si vous l'aviez vu bondir et sourire.

Malbrouk n'en revenait pas.

Les poteaux gémissaient, la corde chantait; Pichenet, lancé comme une flèche, cabriolait à trente pieds de terre.

Marielle fit un petit signe de tête amateur et approbateur.

Ma foi, c'était trop!

Pichenet roula sur le sable comme si la foudre l'eût frappé.

Pensez! il avait eu un sourire de Marielle!

Et Blanche, la brunette, cachée dans

sa tonnelle, poussa un grand cri en voyant tomber le pauvre Pichenet.

———

Il faut croire que la charmante Marielle aimait ce bel art des danseurs de corde. Elle revint voir Pichenet. Et Pichenet, encouragé par cette attention, acquit bientôt un certain aplomb.

Il avait la jambe fine, le pied sûr et des dispositions.

Malbrouk n'avait plus besoin de jurer si fort pour l'arracher à ses bouquins. La fièvre d'étude s'était déjà calmée. — Et pendant une semaine entière, certaine corne qui, d'ordinaire, marchait de page en page, resta complètement stationnaire.

La Chaumel ne savait pas lire, mais

elle s'apercevait bien que la corne ne marchait pas; elle était plus triste encore que de coutume.

Elle aussi regardait Marielle à la dérobée, quand la belle venait s'asseoir sur son banc de gazon.

Il est bien certain, n'est-ce pas, que les femmes se jugent entre elles avec une sévérité clairvoyante et rigoureuse? La pauvre Chaumel était femme, et bien qu'elle fût plus âgée que son second mari, son visage triste gardait quelque reste de beauté. Or, une femme qui fut jolie est encore plus sévère que les autres femmes.

Et pourtant, la Chaumel avait beau chercher un défaut, moins que cela une imperfection, moins que cela encore, une tache grosse comme la pointe d'une aiguille, parmi cet ensemble délicieux de grâces, de sourires, d'harmonies, qui s'appelait Marielle de Noyal, elle n'en trouvait point.

Rien, absolument rien ! tout était adorable.

La Chaumel soupirait. Elle était plus folle encore que Pichenet, la bonne femme ! Elle soupirait en pensant :

— Ah ! si je pouvais m'asseoir un matin au chevet de mon fils, attendre son réveil et lui dire, quand il ouvrirait les yeux : Tiens, la voilà, prends-la, je te la donne..... sois son amant et son mari.....

— Doux Jésus ! ajoutait-elle, — serait-il heureux ! serait-il heureux !

Je vous dis qu'elle était folle.

Lacuzan fit faire, une fois, le portrait de Marielle par un de ces pauvres diables de peintres qui n'ont point laissé de nom, mais qui ont semé par la province, au XVIIIᵉ siècle, des miniatures inimitables.

Peut-être que ce peintre s'appelait Godard, tout bravement.

Quoiqu'il en soit, la miniature de Lacuzan était un émail, et jamais Petitot n'en mit au four de plus merveilleusement délicat.

Marielle était représentée en Hébé. — Que voulez-vous ! — Elle aspirait le parfum d'une rose.

Impossible de sortir de là.

Mais que cette Hébé était miraculeusement blonde et blanche! Comme ses cheveux légers, soyeux, transparents, s'enroudissaient voluptueusement sur l'ivoire mat de son front !

Quelle fleur que sa bouche !

Et son sourire ! quel enchantement !

Quant aux contours de ce visage, quant à la courbe antique de ce cou attaché savamment à ces épaules divines, brisons notre plume une bonne fois, car notre plume trace ici une esquisse de rapin, fils de portier, à côté d'un tableau de maître !

Oui, cet ovale riche et mignon, ce cou, ces épaules splendides, nulle parole ne peut rendre leur exquise pureté, — nulle parole !

Mais c'était la main, — la main qui tenait la rose.

Si vous aviez vu le satin de cette peau diaphane, la suavité souveraine de ce geste. Et les veines bleues, et le bras qui cachait à demi un sein, voilé chastement !

Je vous entends. — Un peu de fadeur, dites-vous ? — On bâille à contempler ces suprêmes perfections...

Non, madame.

Pas la moindre fadeur !

Parce que, sous l'or de cette chevelure blonde, parmi la blancheur rosée de ce teint, il y avait deux yeux noirs, avec leurs sourcils fiers, déliés, allongés hardiment sur la tempe. Deux yeux qui raillaient, qui brûlaient, qui souriaient, qui avaient de l'esprit comme des diables, du cœur comme des anges !

Plus d'esprit peut-être et plus de cœur que la chère Marielle.

Quand on est belle à ce point, le moyen de ne pas tenir à sa beauté.

Marielle y tenait, mais si fort, si fort, que Lacuzan n'y tenait pas plus qu'elle.

Lacuzan, l'amoureux, qui avait fait faire ce miracle d'émail.

Jugez, cependant, si le pauvre Pichenet ne devait pas perdre cent fois la tête, et si la Chaumel n'avait pas raison de pleurer !

Nous allions oublier de vous dire, et c'eût été pour nous un remords éternel que Marielle de Noyal était cent fois plus belle encore que son portrait.

Mais alors, n'est-ce pas, elle était trop belle ?

Eh bien, oui.

Positivement.

Elle était beaucoup trop belle.

Ce n'est pas un déshonneur, assurément, mais c'est peut-être un malheur.

Comment garder intacte sa simplicité de jeune fille, sa naïveté, sa candeur modeste? Comment garder même sa gaîté insoucieuse et bonne, quand l'admiration brutale du vulgaire vous entoure et vous assaille, vous poursuit, vous presse, vous enivre? Quand la gloire, car c'est une gloire, cela, change en triomphe solennel votre promenade du soir?

Toute royauté a ses dangers. La poésie banale qui cherche toutes ses métaphores dans le ciel, brise son encensoir sur un beau front comme sur une tête couronnée.

Détestables flatteurs!... a dit la tragédie.

Hélas! mon Dieu! détestable tragédie! nous sommes tous flatteurs, depuis le tragique, mourant faute d'un regard royal, jusqu'au valet de théâtre, forcé d'adorer à genoux la tragédie.

Nous flattons de bonne foi, nous flattons de mauvaise foi.

Nous flattons par enthousiasme et par haine.

Nos bouches sont des encensoirs portatifs qui ne s'éteignent jamais.

Et les idoles respirent avidement toute cette fumée.

Et la tête tourne sous la tiare, sous la couronne des rois, sous le chapeau, voire sous la casquette.

Comment ne tournerait-elle pas sous le diadême de la beauté!

Marielle avait de l'esprit, de la bonté,

de la sensibilité, de la raison, du tact, — mais elle était trop belle.

Voyez notre petite Blanche, cette chère enfant, qui ne vaut certes pas la peine qu'on fasse son portrait avec soin. Voyez, elle est juste assez jolie pour que nous l'aimions à la fureur l'un ou l'autre. Elle n'a point le diadême, et comme le diadême gênerait la mutinerie libre de son front!

Je vous défie de lui faire tenir une rose assez longtemps pour que le peintre esquisse seulement le bout de ses doigts?

Elle est hardie, — et si timide!

Elle a le cœur sur le visage et sur la main. Ses yeux se mouillent, puis vous voyez les larmes céder au sourire.

Ses cheveux bruns flottent au vent.

C'est le matin qu'elle va chercher de gros bouquets dans la rosée.

Oh! la vive et la folle, qui rit à gorge déployée, qui chante mieux que les rossignols!

L'imprudente qui sort toute seule et en cachette! — une demoiselle! — pour glisser son offrande sous la porte du pauvre, et qui revient s'agenouiller et prier, les mains jointes, les yeux au ciel.

La coquette, qui envoie de loin des baisers au beau Lacuzan, des sourires à M. Albert de Coëtlogon, et qui guette Pichenet derrière les feuilles!

L'étourdie qui se battrait, mais tout de bon, pour ceux qu'elle aime!

Fi! laissons là cette échappée de pension, ou attendons du moins qu'elle se tienne droit, les yeux baissés et la bouche en cœur, comme une demoiselle raisonnable.

———

Au bout du jardin de l'hôtel de Noyal passait la rue Hue, qui s'appelle maintenant le faubourg de Paris.

Quelques champs cultivés séparaient la rue Hue du mail d'Onges, étroite et sombre vallée qui suivait la rivière.

En remontant le cours sinueux de la Vilaine, on traverse un vâlon riant, parsemé de villas bourgeoises. Une chaîne de collines qu'on appelle les buttes des Couasnes, coupe la vallée par le sud-est, et par dessus leurs croupes abaissées, l'œil distingue une autre chaîne de petites montagnes, perdues à l'horizon brumeux.

Au milieu du XVIIIe siècle, la forêt de Rennes étendait jusque-là ses futaies.

Des terrasses étagées de l'hôtel de Noyal, on pouvait voir, au devant des derniers arbres de la forêt, la façade d'un château de grand style qui semblait dominer tout le paysage.

C'était le beau château du Grail, qui fut appelé depuis le château de velours. Il appartenait à Henri du Grail, comte de Lacuzan, lieutenant-colonel des dragons de Conti.

Le comte Henri, car il faut bien enfin que nous fassions connaissance avec ce cher seigneur, avait vingt-cinq ans à l'époque où commence notre histoire. Il venait de recevoir le cordon de l'ordre pour des faits militaires passablement brillants, accomplis à l'étranger.

Ce n'était pas du tout un officier de fortune, puisque son père avait été comte avant lui et brigadier des armées du roi. Néanmoins, les du Grail n'appartenaient pas à la plus haute noblesse du pays, et le comte Henri pouvait attribuer pour une bonne part sa position à son mérite.

Sa bonne mine, il est vrai, ne gâtait rien, non plus que les châteaux, fermes, moulins, prés, guérêts et futaies qu'il possédait à foison.

Il avait suivi la cour de Paris. Il savait le monde en perfection. Il restait Breton parce qu'il le voulait bien.

A Rennes, comme ailleurs, on s'occupe

volontiers du prochain plus qu'il n'est indispensable. On s'occupait énormément du comte Henri.

Le temps qu'il avait passé à la cour fournissait le texte de plusieurs douzaines d'histoires où Lacuzan jouait un rôle tout galant.

Le bavardage public fit de lui un bourreau de femmes. Aussitôt, les femmes se mirent à l'adorer. C'est la loi. Quiconque peut se vanter d'avoir arraché un nombre honorable de cœurs, a sur le champ, tous les cœurs à sa disposition. La clientèle d'amour se fait comme la clientèle d'un dentiste.

CHAPITRE III.

Lacuzan et son portrait au pastel.

Le comte Henri de Lacuzan valait mieux que sa renommée. Ce n'était pas ce don Juan vulgaire, dont l'espèce se perpétuera en province et dans la rue Saint-Denis, à Paris, jusqu'à la consommation des siècles.

Il ne courait point ces aventures que

l'on appelle des *bonnes fortunes,* et qui sont la gloire des jolis officiers français, soit qu'ils appartiennent à l'infanterie, soit que leurs études les aient mis à même d'entrer dans la cavalerie. Les femmes s'engouaient de lui sans qu'il y eût de sa faute.

Et si le commun des gloseurs l'accusait d'être un vampire amoureux, d'autres bavards prétendaient, au contraire, qu'il avait fait à quantité de belles dames le suprême affront de ne les point prendre pour victimes, alors que lesdites charmantes vicomtesses appelaient notoirement le martyre.

Cette dernière opinion ralliait les sceptiques, *les gens qui avaient vécu,* les esprits forts et les personnes du sexe dépourvues d'illusions.

Mais les naïfs, les petits bourgeois, les cuisinières nobles, les perruquiers, le tiers-état du bavardage, en un mot, s'obstinaient à regarder Lacuzan comme un charmant libertin.

C'est-à-dire comme un coquin de la pire espèce.

Mademoiselle Guilmitte Barbedor, mercière, à l'enseigne de la Grosse-Pelotte; M. Saturnin Mormichel, marchand de tabac; le vieux chevalier de Badabrux, célibataire, et les cinq demoiselles Trécoché, négociantes, racontaient, au sujet de ce Lacuzan, des histoires si pieusement horripilantes que nous n'osons point les reproduire.

Mais c'était dans de bonnes intentions. Quand on a de bonnes intentions, il est permis de répéter et même, au besoin, inventer des anecdotes lurones, à faire dresser les cheveux.

La vicomtesse Le Brec du Lartz de Cramayeul-en-Gévézon-les-Fossés-sur-Papayoux, la vicomtesse de Landivisy, la vicomtesse de Margamel, la vicomtesse de Galirouet, la vicomtesse du Honnihie, et quantité d'autres vicomtesses dont l'histoire imprudente a oublié les noms, étaient les ennemies de Lacuzan.

Mademoiselle Guilmitte Barbedor, M. Saturnin Mormichel, le célibataire Badabrux et les cinq demoiselles Trécoché, négociantes, étaient également les ennemis de Lacuzan.

Il n'y avait pas jusqu'au père Vivé, suisse de l'hôtel de Noyal, qui ne fût l'ennemi de Lacuzan.

Nous ne savons pas pourquoi le père Vivé se mêlait de cela.

C'est sans doute que Lacuzan était trop riche, trop beau, trop heureux.

Mais le plus sanglant ennemi de Lacuzan était Malbrouk, le danseur de corde. Voici pourquoi :

Il y avait alors dans le pays de Rennes et dans plusieurs autres parties de la Bretagne une épidémie que la tradition nomme « le mal d'enfer. »

Ce *mal d'enfer* s'attaquait à la peau après avoir corrompu le sang. On n'en mourait pas toujours, mais il était bien rare que la guérison ne laissât pas d'horribles traces sur le visage.

Ceux qui avaient eu le mal d'enfer restaient défigurés pour toute leur vie.

L'épidémie avait fait de grands ravages dans la forêt de Rennes, autour du château du Grail, et Lacuzan avait amené de la ville son propre médecin pour soigner les pauvres gens de son domaine.

Le médecin, qui était pourtant un brave homme, portait sur lui des sels et toutes sortes de vinaigres, quand il entrait dans les cabanes infectées. Lacuzan le suivait et ne portait rien, sinon des écus de six livres qu'il donnait à ceux qui manquaient de remèdes ou de pain.

Le médecin gagna le *mal d'enfer*, bien qu'il eût évité de toucher les malades.

Lacuzan, qui avait donné des poignées de main aux plus désespérés, garda sa belle pâleur et n'eut pas seulement un accès de fièvre.

Vous pensez peut-être que la foule s'agenouilla devant Lacuzan. — Mon Dieu non.

Les vicomtesses dirent tout simplement : « Ce n'est pas vrai. »

Mademoiselle Guilmitte Barbedor, M. Saturnin Mormichel, le chevalier de Badabrux et les cinq demoiselles Trécoché prononcèrent tout bas le mot maléfice.

Le père Vivé, portier, dit tout haut que c'était sorcellerie.

Et dans les basses rues de Rennes, Lacuzan passa pour un sorcier. Cela va tout seul, et il n'y a pas grand mal. Un homme de cœur fait le bien parce que le bien est dans sa nature. Celui qui fait le bien pour être récompensé ici-bas par la gratitude ou autrement n'est qu'un fat.

Pis que cela : un sot.

Pis encore : un être dangereux. Car il arrivera un jour où cet homme, blessé par l'ingratitude humaine, deviendra misanthrope et méchant.

Lacuzan continua de donner la main aux moribonds du mal d'enfer : sa main toujours ouverte et jamais vide.

Sa réputation de sorcellerie grandit et s'établit solidement.

Un soir qu'il revenait à pied de son château du Grail, Lacuzan rencontra un mourant couché en travers de la route.

C'était une victime du mal d'enfer.

Lacuzan chargea le mourant sur ses épaules et continua son chemin.

Il était fort, mais la route était longue. Au bout d'une demi-heure, il s'arrêta et fut obligé de déposer sur l'herbe son pesant fardeau.

Le patient râlait et se tordait.

Lacuzan vit de loin un grand gaillard qui suivait la route et s'avançait vers lui en chantant.

— Holà ! l'homme ! cria-t-il.

Le grand gaillard vint à son appel.

— Aide-moi à porter ce malheureux, dit encore Lacuzan.

Malbrouk, car c'était Malbrouk, reconnut d'un seul coup d'œil, sur la figure du malade, les signes connus et redoutés de l'épidémie.

Il sauta brusquement en arrière.

— Que je touche un malade du mal d'enfer ! s'écria-t-il.

— Je te donnerai deux louis d'or, reprit Lacuzan.

— Vous me donneriez cinquante pistoles...

Lacuzan n'aimait pas beaucoup la discussion. Il avait la main au collet de Malbrouk, avant que celui-ci n'eût achevé.

— Je paie volontiers les coquins comme toi, dit-il, — quand ils ne raisonnent pas. Quand ils raisonnent, je ne les paie pas, je les rosse !

Lacuzan était comme cela très énergique dans son stlye. Il faut que le lecteur nous pardonne si nous reproduisons ses expressions un peu trop colorées.

Lacuzan ajouta :

— En conséquence, tu n'auras rien. Aide-moi.

Malbrouk se prit à rire.

Il était taillé en Hercule.

— Ah!... fit-il en regardant tout autour de lui dans la campagne solitaire,

— c'est comme ça que vous parlez, mon gentilhomme!...

La nuit tombait; le chemin était désert.

Malbrouk pensait déjà :

— Personne ne saura que je lui ai brisé la tête contre le tronc de ce chêne!

Et il regardait le tronc du chêne après avoir regardé la tête de Lacuzan.

Mais il avait vraiment compté sans son hôte.

Lacuzan, qui lisait son projet dans ses yeux farouches, serra le collet. La figure de Malbrouk devint écarlate, et sa langue pendit hors de sa bouche.

— Oh! monseigneur, dit-il en tombant à genoux, ne me tuez pas... je ferai tout ce que vous voudrez!

Lacuzan le lâcha. Il prit le malade par

la tête, et Malbrouck, bien à contre-cœur, le porta par les pieds.

Arrivé au seuil de la première cabane qui se présenta sur la route, Lacuzan jeta deux pièces d'or à Malbrouk et lui dit : Va-t-en !

Il y avait de cela plusieurs semaines.

Mais chacun savait bien que cette terrible maladie, le mal d'enfer, pouvait couver dans le sang, des mois entiers, comme le feu mal éteint des incendies sous la cendre, — puis éclater tout à coup, foudroyante et mortelle.

Malbrouk avait peur.

La pensée du mal d'enfer pesait incessamment sur lui.

Et il haïssait Lacuzan, parce qu'il disait :

— Lui qui est sorcier, il peut bien toucher les malades... mais me les faire toucher, à moi qui n'ai rien pour me défendre !

Évidemment, c'était un meurtre.

———

Il y avait dans la vie de Lacuzan quelque chose de très mystérieux.

La vicomtesse Le Brec du Lartz de Cramayeul-en-Gévéson-les-Fossés-sur-Papayoux, la vicomtesse de Galirouet et les autres vicomtesses ne l'accusaient point d'être sorcier : c'étaient des femmes à la mode, et la mode était de ne point croire aux sorciers plus qu'à Dieu.

Mais les vicomtesses avaient donné à Lacuzan le sobriquet de Barbebleue.

Plus tard, on put voir en ceci un étrange à-propos, presqu'une prophétie.

Les vicomtesses l'avaient surnommé Barbebleue, parce qu'il était à la connaissance de tous que le comte Henri de Lacuzan avait été fiancé par trois fois à trois demoiselles, nobles, riches et belles.

Et que ses trois fiancées étaient toutes mortes quelques jours avant le terme fixé pour le mariage.

Le vrai Barbebleue attendait, lui, que le mariage fût célébré.

Mais quand il s'agit de lancer une flèche empoisonnée, la méchanceté n'y regarde pas de si près.

Le fait des trois fiancées mortes était vrai.

Il n'en fallait pas davantage.

Peut-être, si l'on avait eu pour Henri de Lacuzan une parcelle de la plus vulgaire bienveillance, au lieu de l'adorer d'abord pour ensuite le haïr, peut-être eût-on attribué à ce triple malheur la teinte de tristesse qui assombrissait habituellement son visage si beau et si fier.

Peut-être eût-on fait remonter à cette triple douleur les brusques variations de son humeur inexplicable.

Car, dans ce monde qui s'occupait de lui malgré lui, Lacuzan passait tantôt expansif et brillant comme son âge, tantôt morne et taciturne.

Parfois la plaisanterie entamée se glaçait sur sa lèvre.

Et bien souvent, parmi les rires qu'il avait lui-même excités, on l'avait vu courber la tête tout à coup, comme si l'élancement d'une souffrance sourde et soudaine lui eût traversé le cœur.

Il aimait Marielle de Noyal.

Et chacun se souvenait de l'avoir vu, aux fêtes de la session, suivre la belle jeune fille d'un regard esclave.

Mais chacun se souvenait aussi de l'avoir vu, en quelque sorte, briser le charme avec violence, détourner les yeux et s'enfuir.

Était-ce un souvenir de deuil?

Était-ce un remords?

C'est à Paris comme en province. La charité est une plante rare qui ne croît pas en pleine terre.

Les indifférents ne disaient rien.

Les malveillants disaient :

— C'est un remords.

Pour tous les ennemis qu'il avait : à savoir, Malbrouk, le père Vivé, les cinq demoiselles Trécoché, le célibataire Badabrux, mademoiselle Guilmitte Barbedor, M. Saturnin Mormichel et toutes les vicomtesses, sans compter une foule d'autres qu'il serait trop long d'énumérer; pour cette armée d'adversaires irréconciliables, le comte Henri de Lacuzan n'avait qu'une amie :

C'était la petite demoiselle Blanche de Noyal, l'humble sœur de l'incomparable Marielle.

Il n'y avait pas bien longtemps que Lacuzan la faisait danser sur ses genoux; mais depuis une année, Blanche s'asseyait à côté de lui comme une femme.

Par exemple, ils se tutoyaient toujours. On peut tutoyer une jeune fille jusqu'à quatorze ans, ni plus ni moins.

Lacuzan et Blanche causaient ensemble très souvent.

Si souvent que les vicomtesses atten-

daient impatiemment la quinzième année
de Blanche pour lancer quelque bonne
grosse calomnie.

La vicomtesse Le Brec du Lartz de Cra-
mayeul-en-Gévézon-les-Fossés-sur-Pa-
payoux était même d'avis qu'il ne fallait
pas attendre si longtemps. Maintenant,
si nous ne craignions de vous faire prendre en aversion cette pauvre petite demoiselle Blanche, nous vous dirions un
grand secret.

C'est scabreux, nous l'avouons avec
candeur.

Une jeune fille artiste, une enfant prodige...

Eh quoi! Blanche, cette chère folle,
était-elle un enfant prodige?

Une jeune fille artiste?

Modérez votre effroi.

Nous aurions dû vous cacher cette circonstance, mais le premier mot lâché vous conduirait à des suppositions déplorables.

Expliquons-nous franchement et sans passion.

Oui, Blanche était une artiste, depuis l'âme jusqu'aux doigts.

Oui, Blanche avait en elle tout ce qui fait l'artiste ; elle avait le feu, la soudaine impression, les yeux qui se mouillent, le cœur qui tressaille, et ce je ne sais quoi divin : la fantaisie.

Qu'est-ce ? la fantaisie ?

D'honneur, je ne sais pas.

Mais, je le sens. — C'est tout un horizon de beauté qui s'étend par delà l'horizon visible, et que certains yeux ou certaines âmes distinguent.

C'est ce qui vous charme à votre insu, ce que vous aimez malgré vous, ce qui vous fait rêver :

L'amour inconnu, jeune fille ! — La Californie, monsieur !

Poète, ce rayon de lune qui glisse sur le paysage...

Enfin, je ne sais pas.

Blanche avait tout cela.

Si elle avait voulu, elle eût été un grand peintre.

Mais, encore une fois, rassurez-vous ! Elle peignait comme elle chantait, comme elle riait, comme elle cachait l'aumône matinale ; elle peignait avec son cœur et le caprice de sa tête éventée.

Une enfant prodige ! ah bien, oui !

Elle se croyait, de bonne foi, la plus piètre écolière de Denis-Antoine-Amédée

Poquet, son maître de dessin, qui était un incorrigible fabricant de croûtes.

Et Denis-Antoine-Amédée Poquet le croyait encore plus fermement qu'elle.

Bref, pour tout dire en un mot, Blanche ne fit qu'un portrait en sa vie.

C'était un chef-d'œuvre, il est vrai, mais ne lui en gardez pas trop rancune.

Elle ne l'avait pas fait exprès.

———

Ce portrait était celui du comte Henri de Lacuzan. Blanche lui avait dit un soir en jouant dans le jardin :

— Je suis à dessiner un Grec, parce que je n'ai pas pu finir mon Romain... Tu ferais une belle tête, Lacuzan, avec tes moustaches pointues et tes cheveux sans poudre... Veux-tu que je te fasse, au lieu de mon Romain?

— Je ne demande pas mieux, répliqua Lacuzan.

— Vrai? s'écria Blanche ravie; quel dommage qu'il soit nuit déjà !... Il faut attendre à demain... Tu viendras demain de bonne heure?

— Quand tu voudras, mademoiselle.

— Dès le matin... En cachette! Je ne montrerai pas la feuille à M. Poquet... Oh! comme nous allons nous amuser!

Elle n'en dormit pas de la nuit.

Le lendemain, dès l'aube, elle choisit une immense feuille de carton à pastels qu'elle disposa sur son chevalet. Elle donna une chiquenaude sur le nez du pauvre Grec, qui n'en pouvait mais, et attendit Lacuzan.

— Au moins, se disait-elle, en voilà un qui va rester en place et ne pas bouger... Ce Pichenet remue toujours !...

— Excepté, ajouta-t-elle en souriant tristement, excepté quand il est là, des heures entières, à regarder Marielle !

Mademoiselle Blanche avait donc essayé de peindre Pichenet ?

Lacuzan arriva en costume de chasse, le couteau à la ceinture et le fusil sur le dos. Il avait mis en passant un chevreuil à l'office.

— C'est cela ! c'est cela ! s'écria Blanche ; le col nu, la tunique drapée... tu vas voir comme je vais te faire joli !...

— Tiens ! s'interrompit-elle, regarde mon Romain.

Un vrai Romain : casque en pot à eau, tête bouclée, sourcils froncés, épitoge attachée au col avec une plaque d'airain, geste de figurant tragique.

Lacuzan dit par politesse :

— Sais-tu que tu as fait des progrès, Blanche !

Elle lui rit au nez sans pitié.

— Pour ta peine, s'écria-t-elle, je t'en fais cadeau !... Tu vas l'emporter, tu vas l'encadrer, tu vas le pendre dans ton salon avec ma signature : Blanche de Noyal, élève de M. Denis Poquet...

— Soit ! dit encore Lacuzan, qui avança la main pour prendre le dessin.

Le dessin volait en quatre morceaux par la fenêtre.

Pauvre M. Poquet ! reprit-elle, cela lui enlèverait tous ses élèves.

On entra en séance.

Lacuzan fut solennellement posé dans son jour.

Blanche tailla ses crayons et jeta sur le carton ces traits tâtonnés qui cherchent le vrai contour et enveloppent le visage qui va naître, comme la bourre enveloppe le cocon du ver à soie.

Elle était un peu pâle, mais ses yeux noirs brillaient.

Lacuzan revint le lendemain et tous les jours.

Blanche trouvait qu'il y mettait une bien belle patience.

Il est vrai qu'on parlait de ceci et de cela, et que le nom de Marielle tombait trois fois par minute dans la conversation.

Blanche aimait tant sa grande sœur Marielle, dont elle ne se moquait presque jamais!

Marielle était bonne et consentait à rire quand Blanche le voulait absolument.

Blanche était tout cœur, vous savez. Elle ne s'était jamais demandé jusqu'où allait son dévoûment pour Marielle, parce que Marielle, heureuse entre toutes les jeunes filles, n'avait besoin du dévoûment de personne. Mais elle lui eût donné sa vie en souriant.

Quand Lacuzan parlait de Marielle, sa voix tremblait, trahissait l'émotion profonde qu'il voulait cacher sous un voile de froideur.

Blanche le regardait alors en dessous.

Et le portrait avançait.

Mais, nous vous le disons : ce n'était

plus la main qui barbouillait des Romains et des Grecs : c'était une main de fée.

Il semblait qu'un pouvoir surnaturel eût pris la tête de Lacuzan pour la transporter vivante sur la toile.

En ce monde, tout finit par se savoir. Il n'est pas de secret si bien gardé qui ne s'évente avec le temps, surtout quand on laisse les portes grandes ouvertes.

Le secret du portrait eut le sort commun. M. le marquis de Noyal vint le voir. Il dit : Parfait ! parfait ! en donnant du tabac à son jabot.

Et il pensa :

— Voilà une idée ! ce Lacuzan a quelque chose d'extraordinaire !

Personne n'ignore la signification bourgeoise et polie de ce mot *extraordinaire*.

Extraordinaire est presque aussi fâcheux qu'*original*.

C'est le superlatif de fou, tout uniment.

Marielle vint et poussa un cri de surprise.

Blanche rougit tant elle fut heureuse.

— Mais c'est ressemblant! dit Marielle; mais c'est frappant, petite sœur!...

Elle embrassa Blanche, toute émue et bien fière.

Mais elle se rapprocha du portrait.

— Oh! reprit-elle, tandis que sa bouche adorable dessinait la plus jolie moue, — oh! fi! par exemple.... M. de Lacuzan n'a pas ces trous dans la peau!... ni ce noir sous le nez!... il ne prend pas de tabac!

Marielle ne savait pas que madame de

Pompadour avait dit, ou allait dire, une naïveté toute semblable.

Ces fleurs animées, les marquises roses ne veulent pas qu'on mette d'ombre dans les tableaux.

Enfin, Denis-Antoine-Amédée Poquet, vint à son tour.

Cet honnête homme haussa franchement les épaules.

— Que voulez-vous ? murmura-t-il, ma chère demoiselle; que voulez-vous que je vous dise?... Vous ne suivez pas mes conseils... Avec un peu plus d'application, vous dessineriez aujourd'hui l'académie!.. Mais... ah bien! ma foi oui!

Il prit son chapeau, et d'un air de pitié profonde :

— Heureusement, heureusement, ma chère demoiselle, ajouta-t-il en saluant pour se retirer, — heureusement que vous n'avez pas besoin de cela pour vivre.

On mit le portrait dans un cadre d'or et on le suspendit aux boiseries sculptées du petit salon du Grail.

Blanche avait représenté Lacuzan au retour de la chasse, les cheveux un peu en désordre, le col fripé, la veste de velours lâche, sous la tunique drapée capricieusement.

Un vrai campagnard avec un front de prince et des yeux d'aigle.

Vous avez vu (et si vous ne les avez pas vus, tâchez de les voir) ces superbes pastels que laisse tomber de son crayon prodigue William Borrione, ce peintre tout jeune qui sera glorieux demain.

Vous avez admiré cette richesse de

couleur, cette hardiesse de dessin qui fait le pastel plus beau que la peinture.

Le XVIIIe siècle aussi avait la science du pastel.

Mais ce portrait de Lacuzan, erreur d'une petite fille qui n'avait pas voulu écouter Denis-Antoine-Amédée Poquet, n'était pas de son siècle.

C'était un de ces bizarres phénomènes qui ne se reproduisent point.

C'était beau en dehors des mœurs, en dehors de la manière, en dehors de l'art de l'époque.

La figure ressortait, grave et pâle, sur un fond presque noir. Le front noble, où se distinguaient déjà quelques traces de lassitude morale s'inondait de cheveux bruns, longs et mêlés par une course violente. Le nez aquilin, arrêté vivement, la bouche ferme et railleuse, le sourcil recourbé en arcade et cachant sa pointe aiguë jusque sous les cheveux de la tempe.

Ceci donnait à la partie supérieure de ce visage si mâle une sorte de vague ressemblance avec le doux visage de Marielle.

Les yeux avaient un regard fixe et fier, et de la mélancolie sous leur froide vaillance.

C'était jeune, mais un peu attristé.

C'était fort, mais on devinait la souffrance sous cette vigueur, la souffrance orgueilleusement supportée.

Un soldat, — mais un penseur.

Un penseur, — mais un chevalier !

Blanche était là quand le portrait fut suspendu dans le petit salon du Grail. Il n'y avait avec elle que Lacuzan. Lacuzan suivait de l'œil Marielle qui se promenait, au bras de son père, dans les allées du jardin.

Quand Marielle et son père disparurent sous les charmilles, Lacuzan vint se placer devant le portrait.

Blanche trouvait qu'il faisait bien là, le portrait. Elle attendait une louange. Et c'était facile à voir, car sa jolie figure ne cachait jamais sa pensée.

Lacuzan regarda le portrait longtemps.

Il était pâle et des gouttes de sueur froide perlaient à son front.

— C'est bien cela! dit-il.

Puis, il ajouta, comme en se parlant à lui-même :

— J'ai envie de le brûler.

Les larmes vinrent aux yeux de Blanche.

— Tu le trouves trop mal fait? dit-elle.

Lacuzan tressaillit et s'éveilla de sa rêverie.

— Je le trouve bien fait, ma pauvre Blanche, dit-il; mieux que cela : je crois que c'est beau... très beau!

— Alors, pourquoi veux-tu le brûler?

Lacuzan ne répondit pas tout de suite.

Il passa le revers de sa main sur son front mouillé.

— Parce que c'est le portrait d'un fou, prononça-t-il enfin d'une voix sombre.

Blanche le regarda étonnée.

— Ecoute, Blanche, reprit Lacuzan qui s'éloignait du portrait pour retourner à la fenêtre; — je l'aime... je l'aime avec passion... je l'aime éperdument.

— Eh bien!

— Eh bien! les autres sont mortes!

— Que dis-tu?

— Je porte malheur à celles que j'aime... j'en suis sûr.

Blanche voulut essayer de rire; mais elle était plus pâle que Lacuzan, et un frisson courait dans ses veines.

Elle prit la main de Lacuzan et la serra dans ses petites mains froides.

— L'aimes-tu assez pour aller loin, bien loin.... et ne plus la voir jamais? demanda-t-elle.

— Je l'aime assez, répondit Lacuzan, pour rester près d'elle, et jouer sa vie, qui est la mienne, plutôt que de ne la plus voir!

CHAPITRE IV.

Les dragons-Lacuzan. — Imprudences de mademoiselle Blanche.

Lacuzan n'était pas toujours si langoureux que cela.

Il tenait assez bien sa place à table, et pouvait passer pour un gai soldat quand il le voulait. La jeunesse de Rennes l'avait pris pour chef de file et ne jurait que par lui.

Pour obtenir ce poste de prince de la jeunesse, à Rennes, il ne faut pas être précisément mélancolique. Rennes veut rire, afin de prendre en patience son ciel triste et ses pavés pointus. Rennes veut rire, boire le vin des pays où il y a du soleil et faire danser ses jolies femmes.

C'est la provenance de Rennes, les jolies femmes.

Et ne vaut-il pas mieux produire des jolies femmes que des vins excellents, puisque le vin s'exporte ?

Bordeaux boit, dit-on, de la piquette, Rennes garde ses Houris et sable le Margaux.

Les rieurs sont-ils pour la Gironde ?

Le roi électif des mauvaises têtes de Rennes ne passe pas d'examen proprement dit, mais il doit remplir bon nombre de conditions rigoureuses.

D'abord être ferme sur la hanche, — *bon de là*, comme ils disent, — ce qui est la moindre chose.

Avoir forte tête et le vin joyeux.

Tirer juste, marcher loin, monter bêtes de tout poil.

La dent dure, au besoin, le poignet vigoureux honnêtement.

Etre heureux auprès des dames, mais de fatuité pas un grain.

La bourse vide nuirait; mais on n'exige pas cent mille livres de rentes.

Avec cela, si l'on est beau, spirituel, brillant, personne n'y trouve à redire.

Figurez-vous l'être idéal réalisant le plus complètement possible ce programme gaillard. Lacuzan pouvait encore lui rendre dix points et la main.

C'était vraiment un hardi cavalier; c'était un fou charmant, malgré sa tête sérieuse et son regard pensif.

Mon Dieu! ce ténébreux qui soupirait comme quinze chapitres de roman, cassait les réverbères; ce chevalier qui soignait les patients du mal d'enfer comme une sœur grise, rossait le guet...

Mais il fallait le voir, à la tête de ses beaux dragons, tourbilloner dans la poudre, au Champ-de-Mars, par un jour de grand soleil!

Il fallait le voir, pour comprendre la fierté du soldat, le pouvoir de l'uniforme, l'orgueil du commandement.

Les dames suivaient l'étincelle de son casque à travers la poussière.

L'acier des sabres sonnait; le cuivre jetait ses éclairs rapides; les escadrons déroulaient leurs mouvants anneaux; — et parmi tous ces bruits de chevaux galopant, de commandements croisés, de fer et de fanfares, la voix de Lacuzan éclatait, sonore comme le clairon des batailles.

Morbieu! — c'est ainsi que parlait M. le marquis de Noyal, qui était un marquis de vaudeville, — Morbieu! le beau soldat de parade!

Oui-dà! un soldat de parade?

Il y avait derrière Lacuzan un peloton de vingt dragons qui partageaient avec lui les regards des dames.

On les appelait les dragons Lacuzan par excellence.

Leurs casques étaient mieux polis, leurs chevaux plus rapides, leur tenue plus martiale. Quand ils sortaient du nuage avec leurs figures bronzées et leurs yeux ardents, vous eussiez dit des diables.

Ils étaient vingt comme cela.

Ils étaient mille lorsque Lacuzan, qui faisait la guerre contre les Turcs, avec l'agrément du roi, les enrôla en Servie, à ses frais, les arma, les équipa, les entretint et les commanda.

Un soldat de parade !

Il les avait choisis un à un ses mille Serbes aux cheveux plats et aux yeux d'aigle. C'étaient de rudes compagnons. Au siége d'Orsova, Lacuzan les mit à l'épreuve. Les impériaux fuyaient. Lacuzan tint trois jours et trois nuits à la tête du pont fortifié d'Arzew pour couvrir la retraite des impériaux. Le quatrième jour, il se retira,

Les Serbes avaient miné le pont. L'avant-garde turque sauta.

Un soldat de parade !

Quand les Turcs vinrent à Belgrade, Lacuzan resta hors de la ville avec ses Serbes. Il s'adossa au Danube et fit la guerre à sa façon.

Spahis et janissaires y passaient en quantité, mais Lacuzan dépensait des Serbes.

Un jour que sa troupe était déjà réduite à moitié, il fut attaqué par un corps d'armée. Les Serbes firent de leur mieux, Lacuzan aussi. A force de battre, il parvint à gagner une des portes de Belgrade et demanda asile pour ses pauvres soldats harassés. Les impériaux étaient des hommes prudens qui firent mine de ne pas entendre.

Alors, Lacuzan leva son sabre sanglant au-dessus de sa tête, et cria :

— Enfants ! allons nous laver au Danube !

Pour arriver au Danube, il fallait traverser tous les rangs ennemis. Lacuzan avait bien alors dix-huit ou vingt ans.

Il mit ses éperons dans le ventre de son cheval, qui bondit en avant ; les Serbes le suivirent.

Eux et lui firent encore de leur mieux, et la route qu'ils s'ouvrirent dans les rangs des Turcs fut marquée par une longue ligne de cadavres.

Mais ils étaient trop las, depuis le temps qu'ils travaillaient !

Quand Lacuzan parvint à la rive du fleuve, il ne vit plus qu'une cinquantaine de ses cavaliers serbes. C'était tout ce qui restait. Encore étaient-ils entourés d'ennemis.

Non, ma foi, le comte Henri de Lacuzan n'était pas un soldat de parade!

Il chargea, lui tout seul, dégagea ses cavaliers à qui son aspect rendait la vie, et tous lancèrent leurs chevaux dans le fleuve.

Le roi des fleuves!

Ils étaient vingt-et-un en touchant l'autre bord. Lacuzan les ramena en France. On disait dans le régiment que si le comte Henri avait dit à ses vingt dragons, — les dragons-Lacuzan, — d'aller lui chercher la lune, ils auraient essayé.

Maintenant que nous avons peint le comte Henri en pied, au pastel et à la plume, peut-être le lecteur s'étonnera moins de lui voir beaucoup d'ennemis.

Les hommes comme Lacuzan plaisent à trop de femmes et déplaisent à trop d'hommes : c'est leur malheur.

Car, plaire et déplaire, en ce cas, c'est tout un : les femmes détestent par amour, les hommes par envie.

Une chose bizarre, c'est que la réunion de ces inimitiés des deux sexes produit la vogue.

Le succès d'un homme se mesure exactement au nombre des ennemis qu'il a. Celui qui aurait pour ennemis ou pour envieux tous les habitants de notre univers, brillerait comme le soleil.

Parmi les ennemis de Lacuzan, nous n'avons pas compté Pichenet.

Seigneur Jésus ! parler de ce pauvre petit Pichenet à propos de Lacuzan ! quelle idée !

Ami ou ennemi, qu'importe?

Que fait au lion superbe la rancune du faible moucheron ?

Nous n'avons point compté Pichenet parmi les ennemis de Lacuzan ; nous avons bien fait. Seulement, Pichenet savait que le comte Henri aimait Marielle. Il savait toujours tout ce qui concernait Marielle.

Sur la question de décider si Marielle de Noyal aimait, oui ou non, Lacuzan, Pichenet hésitait.

Mais il en avait grand peur.

Et pourtant il ne haïssait point.

C'est que, dans ce corps frêle, vous verrez, il y avait une grande intelligence et une belle âme. Pichenet avait entendu Malbrouk en fureur raconter sa rencontre avec Lacuzan sur la route du Grail. Pichenet savait comme tout le monde ce que

Lacuzan faisait pour les patients du *mal d'enfer*.

Et Pichenet n'avait garde, lui, de dire : Sorcellerie !

Seulement encore, quand il voyait passer Lacuzan si beau et si fier, son cœur se serrait. Il revenait à ses livres et se donnait à l'étude avec violence.

Ou bien il s'agenouillait près de sa mère et baisait ses deux mains en disant :

— Y a-t-il donc des enfants qui aiment quelque chose au monde plus que leur mère ?...

———

Ce fut quelques jours seulement après l'achèvement du fameux pastel qu'eut lieu la fête donnée par M. le marquis de Noyal, à l'occasion de la clôture des États de Bretagne.

Le marquis était un homme magnifique, mais qui mettait un peu la main à la pâte, et voulait savoir au juste, par livres, sous, deniers, ce que lui coûtait sa magnifignence.

Avec de pareilles mœurs, beaucoup moins rares qu'on ne le croit, vous avez des marquis éblouissants qui obtiennent de bien jolis rabais.

La fête du 3 juin 1749 avait été annoncée longtemps à l'avance. Tout Rennes était invité. Tout Rennes et toute la Bretagne.

Le marquis avait sa réputation à garder.

Aussi, dès le matin, était-il debout, parcourant son hôtel et ses jardins pour voir jusqu'à quel point on avait fait de cela un paradis.

Ce n'est pas là peut-être la superbe indifférence du grand seigneur, mais c'est la vérité.

Ajoutons même que, de loin, vous l'eussiez pris pour sa propre femme de charge, ce cher marquis, avec sa robe de chambre à fleurs et son bonnet de nuit soigneusement rabattu sur l'oreille.

Il allait, venait, s'agitait, hochait la tête ou se frottait les mains. Il grondait, il critiquait, il gênait.

Jamais général, disposant ses avant-postes au moment d'une bataille, ne fut plus sérieusement occupé que lui !

Domestiques et décorateurs en perdaient la tête, et si tout se termina au mieux, en définitive, ce ne fut vraiment pas la faute de ce pauvre bon marquis.

Le dîner était pour une heure. Vers onze heures, Blanche descendit au jardin, suivant sa coutume. Elle était toute prête déjà et jolie comme un amour.

Quand elle vint vers le marquis, sautant et courant, le marquis, par habitude, lui ouvrit ses bras avec tendresse, car il aimait ses filles de tout son cœur.

Mais il se ravisa en songeant qu'il n'avait pas, ce jour là, une seconde à donner aux faiblesses de l'amour paternel.

— Je n'ai pas le temps, petite! je n'ai pas le temps! s'écria-t-il en faisant le geste de s'essuyer le front; — ah! ah! ce n'est pas une mince affaire, va!... j'y arriverai... j'y arriverai!..., mais ce n'aura pas été sans peine!

Blanche l'embrassa malgré lui.

— Tu es prête, toi ! reprit le marquis en jetant un regard triste sur sa robe de chambre à ramages ; — tu es bienheureuse ! Va petite, va t'amuser... et ne me prends pas mon temps comme cela !

Blanche descendit les terrasses jonchées de fleurs nouvelles et se dirigea vers les charmilles.

A peine avait-elle disparu derrière la feuillée que M. le comte Henri de Lacuzan parut au haut du perron de l'hôtel.

Le marquis regarda encore sa robe de chambre à ramages et fit une grimace épouvantable.

— Ah ! palsembleu ! s'écria-t-il au dedans de lui-même, — M. de Lacuzan devient véritablement fâcheux !.. Est-ce qu'on arrive à cette heure pour surprendre les gens ? Que le diable l'emporte !

— Eh ! bonjour, comte ! ajouta-t-il tout haut ; — que vous êtes aimable d'arriver ainsi de bonne heure !... Vous me prenez au milieu de mon coup de feu, car j'ai voulu voir un peu par moi-même...

— Tout cela est charmant, dit Lacuzan.

— Ah, dam ! mon ami, interrompit le marquis avec une orgueilleuse modestie, — mon petit hôtel de Noyal n'est pas le Louvre... Et dans mon pauvre jardin, nous ne sommes pas à Versailles.... chacun donne ce qu'il a.

— Charmant !... charmant ! répéta Lacuzan, qui avait jeté un regard distrait sur les apprêts de la fête.

— Vous trouvez !... Allons, tant mieux ! tant mieux !... la chose certaine, c'est que si je ne m'en étais pas mêlé, rien n'aurait marché comme il faut...

Il tira sa montre.

— Ah çà, marquis, que je ne vous gêne pas, au moins ! s'empressa de dire Lacuzan ; je me suis cru assez de vos amis pour devancer l'heure.

Le marquis l'interrompit par une fougueuse poignée de main.

— A toute heure, en tous lieux, je suis à vous, s'écria-t-il ; — mais, franchement, ce costume où vous me voyez... si je n'avais pas peur de vous laisser seul...

— Si vous ne me laissez pas seul à l'instant, je me sauve !

— Je suis désolé, voyez-vous bien... Marielle est à sa toilette... Et Dieu sait quand sa toilette sera terminée... Il n'y a donc que ma petite Blanche...

— Et vous me plaignez ! dit le comte en riant ; — vous ne savez donc pas que Blanche est ma meilleure amie ?

— Si fait Lacuzan, si fait.., il y a le portrait...

— D'honneur ! ajouta le marquis gaîment, si elle avait trois ou quatre ans de plus, je vous demanderais une explication, monsieur le comte !

— Et soyez certain, monsieur le marquis, répliqua Lacuzan d'un air un peu plus sérieux que la circonstance ne semblait l'exiger, — soyez certain que l'explication ne se ferait pas attendre.

M. de Noyal le regarda d'un air étonné.

Lacuzan reprit son sourire.

— Vous n'avez plus qu'une heure, marquis, dit-il. Hâtez-vous si vous ne voulez recevoir les dames en robe.

Le marquis partit comme un cerf et se mit aux mains de son valet de chambre.

Mais les dernières paroles de Lacuzan lui restaient dans la tête.

Et tout en faisant agrafer sur ses bas de soie sa culotte de satin, il se disait :

— L'explication ne se ferait pas attendre ! avait-il un air, ce diable de comte ! Après tout, il n'aurait que trois ou quatre ans de délai.

Le valet de chambre boutonnait la veste miroitante qui donnait passage aux flots précieux du jabot.

— Hé mais ! hé mais ! pensait le marquis, dans quatre ans, ce garçon-là sera pour le moins colonel !

Quand le valet de chambre eut passé

l'habit à boutons de brillans, M. de Noyal se frotta les mains et conclut.

— Madame la comtesse de Lacuzan ! ça peut marcher... oui... ma foi oui... Eh bien ! je n'avais pas encore songé à cela.

Mademoiselle Blanche, il nous faut l'avouer, était bien assez inconséquente pour entretenir le marquis, son père, dans de semblables pensées.

D'aussi loin qu'elle aperçut le comte Henri sous la charmille, elle courut à lui en s'écriant :

— Ah ! quel bonheur ! voici mon Lacuzan !

Vous entendez : *son* Lacuzan !

Il paraît que ce Lacuzan était à elle.

Et non contente de cela, elle se pendit sans façon à son cou.

— Comme te voilà belle, Blanche! dit Lacuzan.

Blanche prit sa robe à deux mains et l'étala pour la mieux faire voir. Puis elle se tourna en secouant les boucles fleuries de ses cheveux, afin que Lacuzan pût l'admirer par derrière.

Puis encore, elle fit le tour de Lacuzan qui était en costume de lieutenant-colonel.

— Et toi, donc! s'écria-t-elle ; — haussecol! épaulettes! crachat!... Tu ne ressembles plus à ton portrait!

Quand on parlait de ce portrait, la figure du comte se rembrunissait toujours un peu.

Blanche l'attira sur un banc et s'assit près de lui.

J'ai pensé à toi toute la semaine, dit-elle en attachant sur lui ses grands yeux noirs qui souriaient doucement.

— Ah! fit le comte.

— Oui... je t'aime bien, Lacuzan !... Je voudrais te voir bien heureux.

Lacuzan serra ses petites mains entre les siennes.

— Chère enfant! murmura-t-il avec émotion.

— Je sais bien que je suis une enfant, repartit Blanche; — si je n'étais pas une enfant, je ne pourrais pas te parler ainsi... Pourquoi? je n'en sais rien, et cela m'est égal... Mais il faut que tu me dises ton secret, Lacuzan...

— Mon secret !... je n'en ai pas.

Blanche lui mit la main sur la bouche

— Ne mens pas ! murmura-t-elle.

— Mais, je t'assure...

— Tais-toi !... je ne te demande plus rien.

Elle se redressa, digne et réservée.

Lacuzan voulut reprendre sa main; elle le laissa faire; le cœur n'y était plus.

— Tu es fâchée contre moi, Blanche? dit-il.

— Non.... mais tu m'as dit l'autre jour : je porte malheur à ceux que j'aime.

— Et tu as eu peur !

— Tu sais bien que non... Je n'ai peur ni pour moi qui suis ta sœur, ni pour Marielle, puisque j'ai confiance en toi... J'ai peur pour toi, Lacuzan... J'ai peur que tu ne sois malheureux...

Elle attendit un instant.

Lacuzan gardait le silence.

— Écoute... reprit-elle en hésitant et d'un accent câlin, — cela te ferait-il de la peine si je te demandais ce que signifient ces paroles : Je porte malheur à celles que j'aime...

— Si tu me prouves que tu n'es plus une enfant, je ne traiterai plus comme une enfant, Blanche, répliqua Lacuzan, essayant de donner le change.

— Réponds oui ou non, insista la jeune fille.

— Eh bien oui ! prononça Lacuzan avec effort ; cela me fait de la peine... et tu sais bien pourquoi.

— Est-ce pour cela seulement ? demanda encore Blanche.

Lacuzan fronça le sourcil.

Blanche mit sa tête sur son épaule.

— Je sais que tu es le plus loyal, le plus brave, le meilleur ! dit-elle. Mais tu as raison, ajouta-t-elle, en relevant tout à coup son front espiègle; — j'ai tort de parler de tout cela comme si j'étais une vieille demoiselle... Bavardons, Lacuzan! Tiens! voilà ces messieurs et ces dames qui arrivent... Dieu! qu'ils sont jolis!.. La vicomtesse de Galirouet a mis sa rivière de diamants qui n'est qu'un ruisseau... M. de Châteautruhel lui parle... Écoute!.. Cancan caucan can!... Il n'a pas encore guéri ce rhume de cerveau qu'il garde depuis cinquante ans...

— Oh! oh! s'interrompit-elle en riant. — je lisais hier dans ma géographie qu'il y a des rescifs de corail... Madame de Margamel en aura trouvé un dans le vivier de son château... Vois comme elle est chargée de petits bâtons rouges.

— Mais vois donc, Lacuzan! répéta-t-elle.

Lacuzan rêvait.

Il s'éveilla et vit que le perron, les terrasses et les gazons se couvraient déjà de belles dames et de brillants cavaliers. La fête commençait.

— Et Marielle qui est encore à sa toilette! dit Blanche; est-il possible d'être modeste comme cela!... Elle croit avoir besoin de parure!

Lacuzan glissa vers la jeune fille un regard soupçonneux, car, à cet âge et avec ce caractère, on franchit parfois l'étroite limite qui sépare l'espiéglerie de la méchanceté.

Marielle était si bien faite pour inspirer la jalousie?

Mais Blanche rit au nez de Lacuzan, ce qui lui arrivait du reste assez fréquemment.

— Lève-toi, reprit-elle, et donne-moi le bras solennellement comme si j'étais Marielle... Tu peux l'aimer comme un fou, mais va, toute petite fille que je suis, je l'aime encore autant que toi !

Lacuzan avait obéi. Il était debout, mais il restait immobile, les yeux fixés sur la foule des invités qui grossissait de minute en minute.

— A quoi penses-tu ? demanda Blanche.

— Je pense, répondit le comte Henri, que tous ceux qui sont là sont mes rivaux.

— Oh ! fit Blanche en pinçant sa petite bouche rose, — pas tous !

M. Albert de Coëtlogon venait de descendre les marches du perron et saluait le marquis de Noyal, qui faisait les honneurs avec une grâce parfaite.

Le comte Henri ne prit point garde.

— Je pense, poursuivit-il, — que j'ai mis mon avenir tout entier sur les chances d'une loterie qui a beaucoup de numéros...

Il soupira, moitié riant, moitié triste.

— Qu'importe le nombre des billets, si tu as le numéro gagnant? dit Blanche!

— C'est justement la question!

Cette fois, Lacuzan laissa échapper un second soupir, mais il ne riait plus.

— Allons donc! allons donc! s'écria Blanche, — tu es comme Marielle, tu es trop modeste... Est-ce qu'il y en a un seul qui puisse se comparer à toi!

Lacuzan secoua la tête.

— M. de Poilbrillant est un beau cavalier, murmura-t-il.

— C'est vrai... Quand j'étais toute petite, je donnais un sou à Gillot, le fils du jardinier, pour piquer des épingles dans ses mollets, qui ne se sont jamais plaints de l'irrévérence.

— M. de la Guerche est si riche!

— Il fait des fautes d'orthographe en signant son nom!

— M. d'Avaugour descend des anciens ducs souverains de Bretagne...

— S'il descend de si haut, on peut dire qu'il a fait du chemin!

— Le baron de Charmes est un si délicieux danseur...

— Oui... mais il joue de la guitare!

— M. de Talhoët fait des vers...

— Oui... mais il les récite!

— M. de Penvern... M. de Launoy... M. de Nointel...

— Un Bas-Breton... un Bas-Normand... un traitant !

— M. Albert de Coëtlogon...

— Ah! par exemple! s'écria ici mademoiselle Blanche avec pétulance, ne parlons pas de celui-là !

— Parce que?...

— Parce qu'il ne vient pas pour Marielle.

— Ah! fit le comte Henri en souriant. Et il ajouta :

— Peut-on savoir ?...

— Parfaitement, répondit Blanche.

— Pour qui vient-il?

— Pour moi.

Blanche regardait le comte en face et d'un air très décidé.

Elle était jolie à ravir.

— Peste! s'écria Lacuzan, qui ne put

retenir sa gaîté, — voilà qui est grave.

Blanche rougit et ses sourcils délicats se froncèrent légèrement.

— Si tu ris, dit-elle, nous allons nous fâcher !

— Je ne ris pas.

— Tu fais bien, Lacuzan... Je ne suis pas jalouse de Marielle... mais M. Albert de Coëtlogon est le seul qui fasse attention à moi... J'entends qu'on me le laisse.

— C'est trop juste.

— Juste ou non, c'est comme cela... Dans trois ans, quand je serai raisonnable, si j'entends autour de moi trois ou quatre beaux Lacuzan soupirer et traîner leurs chaînes, je me souviendrai peut-être qu'Albert a droit d'ancienneté...

Elle s'interrompit, parce que le bras de Lacuzan venait de tressaillir sous le sien.

— Allons, esclave! dit-elle, ferme les yeux et prosterne-toi... Voici le soleil.

Lacuzan ne répondit point. Son beau visage devint pâle, et il baissa les yeux en effet, comme si des rayons trop vifs eussent frappé tout à coup son regard.

Marielle de Noyal venait de se montrer sur la plus haute marche du perron, et un murmure d'admiration montait déjà vers elle.

CHAPITRE V.

Où mademoiselle Blanche contracte son premier emprunt.

Marielle de Noyal avait une robe blanche, serrée à la taille par une étroite ceinture d'un bleu pâle. Quelques fleurs de lin couraient en guirlande parmi ses cheveux.

C'était tout.

Mais c'était un chef-d'œuvre de toilette.

Et un chef-d'œuvre de Dieu !

Elle était si belle, qu'il y eut d'abord un silence d'admiration. — Puis Lacuzan et Blanche purent entendre un long murmure qui monta de la foule.

— Chère sœur ! dit Blanche émue ; — oh ! il faut qu'elle soit heureuse comme elle est belle !... Il faut que tu sois son mari, Lacuzan !

Marielle était déjà entourée.

Lacuzan fit un mouvement pour quitter le bras de Blanche.

Mais il se retint comme s'il lui eût répugné de mêler son hommage à cet hommage banal.

— C'est cela ! reste encore avec moi, reprit Blanche, dont la voix était devenue triste tout à coup; — aussi bien, j'ai quelque chose à te demander... Voilà une heure que je bats la campagne. Au lieu de babiller comme une folle, j'aurais mieux fait de parler... Lacuzan, veux-tu me rendre un service?

— Oui, certes, répondit le comte Henri, qui n'écoutait guères.

Blanche hésita. Elle avait du rouge jusqu'aux tempes.

— C'est drôle!... balbutia-t-elle; j'aurais cru que c'était si facile à dire!

Elle attendit encore, espérant une interrogation qui eût aidé l'aveu.

Mais elle avait si mal choisi son moment!

Le comte Henri ne voyait point la rougeur de sa joue : Marielle, éblouissante de jeunesse et de beauté distribuait à la ronde ses sourires : le cœur et les yeux du comte Henri étaient aux genoux de Marielle.

Blanche fit un grand effort et prononça tout bas :

— Lacuzan, j'ai besoin de dix louis!

Elle respira comme si elle eût fait une demi-lieue tout d'un trait à la course. Le mot était lâché.

Mais, vous savez, quand on est en distraction, la langue parle sans que l'esprit soit complice. Lacuzan était en distraction.

— Pourquoi faire? demanda-t-il étourdiment.

Beaucoup parmi nos lecteurs pourront trouver cette question toute naturelle.

Bien plus, quelques-uns auraient sans

doute blâmé Lacuzan de ne l'avoir point faite.

Car enfin, il s'agissait d'une petite fille de douze ans.

Et pourtant, si Lacuzan n'eut pas été occupé exclusivement à regarder de loin Marielle, si Lacuzan n'eût pas été plongé dans la distraction jusqu'au cou, jamais il n'eût fait cette question-là.

Blanche baissa les yeux, offensée.

Le comte ne songeait déjà plus aux dix louis.

Blanche reprit d'une voix tremblante :

— Connais-tu Pichenet, Lacuzan?

— Pichenet?... répondit le comte; — je ne crois pas... que fait-il, ce Pichenet?

— Il danse sur la corde.

— Ah, diable!...

— Lacuzan! s'écria Blanche les larmes aux yeux; — tu ne m'écoutes pas!

Le comte Henri s'éveilla en sursaut et la regarda stupéfait.

— Tu pleures?... dit-il; — ah ça, je n'y suis pas du tout, moi, je te préviens... — Voyons! ajouta-t-il en tâchant de se recorder, tu m'as demandé dix louis pour aller voir un danseur de corde... c'est cher, mais il n'y a pas de quoi pleurer.

— Ah! si tu savais! si tu savais comme ils souffrent lui et sa mère!

— Lui... et sa mère?... répéta encore Lacuzan.

Blanche essuya ses yeux d'un revers de main.

— Je l'aime autant que toi! dit-elle tout à coup en reprenant son courage mutin et en mettant son regard sur celui de Lacuzan.

Et avant que celui-ci pût demander une explication nouvelle, Blanche l'entraîna rapidement tout au bout de la charmille, à dix pas de ce salon de verdure où elle se cachait pour guetter Pichenet.

— Ici, reprit-elle, tu ne pourras pas voir Marielle et tu m'écouteras !

Tout en parlant, elle montait les degrés du salon de verdure.

Du doigt elle écarta quelques feuilles de vigne vierge et fit signe à Lacuzan de mettre sa tête à l'ouverture.

— Regarde ! dit-elle ; — on n'a pas besoin de dix louis pour le voir.

Il y avait dans ces paroles plus d'amertume encore que de tristesse.

Pichenet était assis sur le sable, le dos appuyé à la cabane de Malbrouk.

La Chaumel filait à côté de la porte, l'œil fixé sur son fils.

Malbrouk s'occupait à tendre la corde au sommet des deux poteaux.

Lacuzan ne pouvait voir la figure de Malbrouk. Il concentra d'ailleurs tout de suite son attention sur Pichenet et sa mère.

Il y avait tant d'amour désolé dans le regard que la pauvre femme tournait vers son fils, il y avait tant de tristesse dans son sourire amer, tant de désespoir dans sa pose affaissée, que Lacuzan fut ému de compassion.

— En effet... murmura-t-il; elle souffre bien, cette femme...

— Et lui!... dit tout bas Blanche.

Pichenet avait les yeux ouverts avidement. Il contemplait un objet que Blanche et Lacuzan ne pouvaient point voir.

Le soleil frappait de biais sa figure maigre et pâle.

— Ce pauvre enfant est beau, dit Lacuzan; ses traits annoncent l'intelligence.

— C'est un savant! prononça Blanche avec emphase.

Puis elle ajouta en mettant sa main sur le bras de Lacuzan :

— Sais-tu ce qu'il regarde?

— Non... mais ça dirait un fou qui suit son rêve.

— C'est bien cela... murmura Blanche.

Puis elle répéta lentement :

— C'est bien cela... il regarde Marielle !

— Marielle !... fit Lacuzan.

Il recula involontairement et un nuage passa sur son front.

Par une étrange association d'idées, il compara un instant le sort de ce misérable enfant avec le sien.

Pendant cela, Blanche disait :

— Il suit son rêve... cet homme que tu vois le bat pour le faire danser sur la corde... Sa mère a faim... Il suit son rêve... Il est fou... Il l'aime !

— Mais c'est un enfant..., objecta Lacuzan.

— Les enfants aiment... répliqua Blanche avec une inflexion de voix que Lacuzan ne lui connaissait pas.

Il y eut un silence.

Malbrouk chantait d'une voix monotone et fatiguée en tournant le bâton qui tendait sa corde. — La Chaumel essuyait une larme à la dérobée.

Blanche et Lacuzan la virent faire le signe de la croix.

Ses lèvres remuèrent et son rouet s'arrêta.

L'âme de Pichenet était dans ses yeux qui brûlaient. Il avait mis ses deux mains sur son cœur.

— Ne le regarde plus, Lacuzan ! dit Blanche brusquement.

Elle attira le comte Henri au fond du berceau, et reprit, en s'efforçant de jouer la gaîté :

— J'avais une bourse, autrefois, mais il y a longtemps qu'elle est partie... La croix d'or que tu m'as donnée pour ma fête, je l'ai vendue... Cela me coûtait bien de te demander de l'argent... mais...

— Tu es un ange de charité, ma petite Blanche! s'écria Lacuzan véritablement attendri.

— Puisque je te dis que Pichenet est mon ami, interrompit Blanche en souriant.

— Voyons, dit Lacuzan qui sourit à son tour, je veux savoir lequel de nous trois tu aimes le mieux.

Blanche n'était pas fille à faire semblant de ne pas comprendre.

— Curieux, murmura-t-elle, c'est toi aujourd'hui.

— Sera-ce Pichenet demain... ou l'autre ?

Blanche prit un petit air fier qui était charmant à voir.

— Vous n'auriez qu'à l'aller dire à

M. Albert de Coëtlogon! murmura-t-elle ; — non... non... c'est mon secret, cela !

Lacuzan pensa, ma foi, que cet Albert de Coëtlogon était bien heureux.

— Maintenant, reprit Blanche qui redevint soudain fillette et caressante, ce n'est plus dix louis qu'il me faut... Puisque tu connais Pichenet, je veux que tu sois l'ami de Pichenet.

— Pourquoi non ? Nous sommes déjà rivaux...

— Ne ris pas de cela !

— Si tu le veux, je serai l'ami de Pichenet !

— Et tu le prouveras ?

— Et je le prouverai.

— Tout de suite ?

Lacuzan tira sa montre.

— C'est que, dit-il, mon absence aura déjà été remarquée.

— Eh bien! ceux qui ne seront pas satisfaits te le diront! s'écria Blanche.

— Peste!... Tu n'en donnes que cela, toi!...

— Pas davantage!

Lacuzan ne put s'empêcher de rire.

— Et si M. Albert de Coëtlogon venait me demander raison?... commença-t-il.

Les jolis doigts de Blanche lui fermèrent la bouche.

— Voici ce que tu vas faire, dit-elle sérieusement; — tu vas sortir par la petite porte qui est sous le salon de verdure... Tu vas aller trouver ce vilain homme que voilà.

Elle montrait Malbrouk.

— Et tu lui diras : Tenez, voici dix

louis... vingt louis, si tu veux dire vingt louis... à condition que vous ne forcerez plus Pichenet à danser sur la corde.

Lacuzan hésita; son regard se tourna malgré lui vers la pelouse fleurie où les hôtes de M. le marquis de Noyal étaient réunis à l'ombre des grands arbres, sous le perron de marbre blanc, inondé de soleil.

Blanche lui prit les deux mains.

— Je te dis que tu n'as rien à craindre, murmura-t-elle; — le bon ange de ma sœur Marielle lui parle pour toi, parce que tu es le plus beau, le plus brave et le meilleur... Parce qu'il n'y a que toi pour savoir aimer !

Lacuzan secoua la tête avec tristesse.

— Si c'était toi le bon ange..., commença-t-il.

Il n'acheva pas et leva jusqu'à ses lèvres les petites mains de Blanche, qu'il tenait entre les siennes.

Il descendit vers la porte basse qui était sous le berceau. En passant, il ne put s'empêcher de tourner encore les yeux vers la pelouse, où Marielle, toute fière et naïvement heureuse, s'enivrait d'hommages et de flatteries.

Blanche avait déjà pris sa course et traversait les gazons, légère comme un oiseau. Elle lui envoya de loin un baiser avec un petit signe de tête souriant qui voulait dire à la fois : merci et bon courage!

Lacuzan sortit des jardins de l'hôtel de Noyal. Il n'était pas dans une disposition d'esprit à faire grande attention au contraste qui existait entre le noble enclos du marquis, tout plein d'eaux jaillissantes, de verdure, d'ombrages, et ce tertre aride où le vent soulevait des nuages de poussière blanchâtre. Il eut pourtant un serrement de cœur en voyant de plus près la misérable loge dont les murailles de boue se fendaient au soleil.

Comme il mettait le pied sur le tertre, la Chaumel venait de prendre la main de son fils et l'entraînait vers la cabane. Elle avait achevé sa prière; son instinct maternel lui avait dit qu'il était temps d'arracher l'enfant à son rêve si douloureux et si beau.

Pichenet se laissait conduire parce qu'il n'avait jamais désobéi à sa mère.

Lacuzan traversa le tertre sablonneux et vint jusqu'à Malbrouk, qui s'était arrêté dans sa tâche et s'essuyait le front en maugréant.

— J'ai donné une douzaine de coups de maillet, murmurait-il. — J'ai fait une douzaine de tours à cette corde, et voici la sueur qui colle déjà mes cheveux à mes tempes !... Je ne suis plus le même depuis que j'ai touché le malade sur la route de la forêt... Non ! je ne suis plus le même !

Lacuzan lui mit la main sur l'épaule. Malbrouk se retourna.

Il reconnut le comte Henri d'un coup d'œil et recula de plusieurs pas.

Un éclair de haine concentrée brilla dans ses yeux fauves qui se baissèrent comme malgré lui.

Lacuzan, lui, rassemblait ses souvenirs. Il se rappelait avoir vu cet homme quelque part, et pour éclairer sa mémoire, il le considérait attentivement.

Malbrouk ne relevait point les yeux;

son visage farouche, où se lisait l'effroi que lui inspirait le comte, était à peindre.

Mais ce n'était déjà plus cela que Lacuzan regardait. Le soleil, qui avait dépassé le milieu de sa course, frappait d'aplomb les traits de Malbrouk.

Lacuzan avait franchi bien des fois le seuil de ces maisons tristes et abandonnées, où se mouraient, sans secours, les patients du mal d'enfer. Lacuzan connaissait mieux que pas un médecin les symptômes de la redoutable épidémie.

Lacuzan venait d'apercevoir sur la joue de Malbrouk, colorée ardemment, certaines taches presque imperceptibles et plus pâles.

Et il n'ouvrait point la bouche pour remplir la mission dont il s'était chargé; il restait là, les lèvres entr'ouvertes, l'œil stupéfait.

Les rires joyeux passaient par dessus les murs de l'enclos de Noyal ; le vent apportait avec le vague parfum des fleurs, l'écho affaibli de l'orchestre qui s'essayait dans les salons.

Lacuzan se disait, en examinant ces marbrures qui allaient changeant de place et grandissant sur la joue fiévreuse de Malbrouk :

— Avant que la journée soit finie, cet homme tombera foudroyé.

CHAPITRE VI.

Où Malbrouk et Pichenet font chacun une promesse.

Malbrouk était d'ordinaire un garçon de vigoureuse mine, haut en couleur, ayant autour de la lèvre un sourire cynique et brutal. Il se tenait droit; il regardait haut; il se montrait tout fier de sa robuste carrure.

Aujourd'hui, Malbrouk avait les épaules

en avant et les reins voûtés légèrement. Il semblait craindre de se redresser tout à fait, et touchait fréquemment de sa main son épine dorsale.

Son œil était creux et brûlant.

Une teinte have courait autour de sa bouche et rejoignait ses tempes en estompant le dessous de sa paupière.

Il y avait de la sueur à la racine de ses cheveux touffus et fauves.

Or, ainsi que Malbrouk venait de le dire lui même, la tâche qu'il venait d'accomplir n'était pas bien dure, et d'habitude il fallait d'autres besognes pour mettre la sueur au front de Malbrouk.

Quand Lacuzan avait touché du doigt son épaule, et qu'il s'était retourné avec vivacité, ce mouvement lui avait arraché une exclamation de douleur.

Il avait porté sa main à ses reins, en fronçant le sourcil. Et tandis qu'il restait là, immobile, les yeux cloués au sol, ses jambes avaient deux ou trois fois chancelé.

— Ah! ah! fit-il enfin en saluant tardivement et comme à regret; c'est vous notre maître? Les matinées sont encore fraîches, et je crois que j'ai gagné de méchantes douleurs à coucher la fenêtre ouverte.

Il disait cela comme pour excuser ce cri plaintif qui lui était échappé.

Pour se l'expliquer à lui-même peut-être, et pour n'en point admettre la véritable cause.

Lacuzan le regardait toujours, silencieux et absorbé.

Les yeux de Malbrouk clignotaient et cherchaient un abri.

Il essaya de sourire : ce fut comme une convulsion.

— Est-ce qu'il y a ici quelque malade du mal d'enfer à emporter ? demanda-t-il avec une intention de raillerie grossière.

— Il y en aura peut-être un bientôt, répondit Lacuzan.

Malbrouk comprit, car sa joue perdit la teinte ardente qu'elle avait, et tout son visage pâlit jusqu'à se faire verdâtre.

Il jeta un regard sanglant sur le comte Henri.

Puis ses yeux se baissèrent, — et ses doigts convulsifs tourmentèrent le bois de la hache qu'il tenait à la main.

— Ah !... fit-il d'une voix sombre; — il y en aura un bientôt?

Une menace était sur sa lèvre, mais il se contint et reprit brusquement.

— Que me voulez-vous ?

— Je viens, répliqua Lacuzan, pour vous parler d'un enfant qui habite avec vous...

— Pichenet ?... demanda Malbrouk dont le sourire revint plus brutal.

— Oui, Pichenet, puisque c'est ainsi qu'on le nomme.

— Et que lui réclamez-vous, à Pichenet ?

— Je crois, dit Lacuzan, — que cet enfant n'est pas à vous ?

Malbrouk le regarda de travers.

— Ça vous fait quelque chose ? demanda-t-il au lieu de répondre.

— C'est le fils de votre femme.

— Et par conséquent j'ai droit sur lui.

Lacuzan, le brillant colonel des dragons de Conti, était un peu embarrassé. Ce n'était vraiment pas son affaire que de conduire des négociations avec les danseurs de corde.

— Je ne conteste pas votre droit, reprit-il en cherchant ses paroles avec plus de peine qu'il ne l'avait jamais fait peut-être en sa vie, — mais il paraîtrait que votre femme... et aussi l'enfant... se plaignent du genre de vie...

— Si la femme se plaint, interrompit Malbrouk, — elle a tort; si le galopin n'est pas content, nous causerons tous deux d'amitié... Est-ce tout ?

Le comte Henri ouvrit la bouche pour continuer la discussion.

Mais les arguments ne lui venaient

point. Il avait beau se creuser la tête, il restait muet.

Malbrouk riait d'un air goguenard.

Le comte Henri mit la main à la poche.

En conscience, il aurait dû commencer par là.

— Voyons, dit-il, si l'on vous indemnisait largement, promettriez-vous de ne plus forcer ce garçon à monter sur la corde?

— Tonnerre! fit Malbrouk, Pichenet a des protections!.. voilà du nouveau!

— Répondez, prononça sèchement Lacuzan.

— Il paraît que mamzelle Marielle s'est aperçue que le bambin la reluque...

Le comte Henri ne put retenir un geste d'impatience :

C'était la seconde fois qu'on lui parlait de cet amour, partant de si bas pour monter si haut; — de cette adoration douloureuse et folle, — de l'amour du petit Pichenet pour la fille du marquis de Noyal.

Le rire de Malbrouk se faisait plus railleur.

— Répondez, répéta Lacuzan dont les sourcils se froncèrent.

— Ma foi, dit Malbrouk négligemment, — si l'indemnité en vaut la peine... je ne vois pas pourquoi je ne ferais pas ce marché-là.

Lacuzan tira cinq doubles louis de sa poche.

— Est-ce assez? demanda-t-il.

— Mettez le double et topons!

Lacuzan versa cinq autres louis de quarante-huit livres dans le creux de sa bourse.

Les yeux de Malbrouk brillèrent, et il se repentit amèrement d'avoir exigé si peu.

— C'est pour rien! grommela-t-il en tendant sa main rude et calleuse; mais enfin, ce qui est dit est dit.

Quant au comte Henri, il tourna le dos en ajoutant :

— J'ai votre promesse... Je veillerai à son exécution.

L'engagement qu'il avait pris était rempli et au-delà. Il regagna la porte basse de l'enclos de Noyal.

Malbrouk soupesa les pièces d'or et les fit disparaître dans son gousset.

— Bien le bonsoir, notre maître, dit-il en touchant son bonnet.

Puis il ajouta mentalement :

— J'ai promis de ne plus forcer le clampin à monter sur la corde... mais s'il y veut monter, cet enfant-là ! je n'ai pas promis de l'en empêcher.

Il reprit sa hache et planta un rang circulaire de petits pieux tout autour des deux poteaux qui soutenaient la corde.

De temps en temps, il portait encore la main à ses reins endoloris, et sa respiration était de plus en plus pénible.

Mais, somme toute, il ne songeait point trop à la méchante douleur qu'il prétendait avoir gagnée dans les nuits fraîches, — et les vingt louis de Lacuzan qu'il entendait gazouiller dans sa poche, le tenaient en gaîté.

Quand ses pieux furent plantés, il les

relia par une corde et compléta ainsi une enceinte parfaitement close, dont nous verrons bientôt la destination.

Puis, au lieu de rentrer dans sa cabane, il alla goûter un peu ses louis au cabaret.

———

Dans la chaumière, Pichenet avait suivi sa mère pour éviter le grand soleil, à ce que la pauvre femme avait dit. Il l'avait suivie sans murmurer, parce qu'il était l'obéissance même, et aussi parce qu'il ne lui servait plus d'être dehors, puisque Marielle, à la tête de son brillant entourage, venait de franchir la porte de l'hôtel de Noyal.

Le dîner avait sonné chez M. le marquis, et l'on entendait de mieux en mieux les sons doux et lointains de la musique qui accompagnait le repas.

A quoi bon rester dehors quand Marielle était rentrée?

Pichenet avait sa tête sur les genoux de sa mère.

La Chaumel lui faisait de la morale.

— Peut-être que tu étais trop ambitieux, enfant, lui disait-elle ; — le fils d'une pauvre femme comme moi devenir un médecin... comme le docteur Barnabiche... ou maître Pitre-Cormier du Boucq de la Chastaignerays, qui accouche madame l'intendante, le présidial, la cour, le greffe et le barreau... Est-ce que c'est possible!

— On n'a pas besoin d'être noble pour avoir de la science, répondit Pichenet qui songeait.

La Chaumel secouait la tête.

— La science s'achète comme tout le reste, murmura-t-elle...

— Non, mère, oh! non! s'écria l'enfant qui sembla s'éveiller; — la science s'acquiert... ou plutôt, la science se conquiert... et je l'aurai conquise!

Il attira le front de la Chaumel jusque sur sa bouche.

— Pour toi, mère! ajouta-t-il avec un sourire si tendre que vous l'eussiez aimé, ce pauvre enfant; — pour toi que je voudrais voir riche, heureuse, respectée... pour toi qui est mon ange gardien et mon espoir!...

La bonne femme avait déjà les larmes aux yeux. Elle souriait, elle aussi sous ses pleurs. Ce qui restait en elle de jeunesse et de beauté rayonnait aux caresses de son fils adoré.

— Si tu savais comme je t'aime, ma mère, reprenait Pichenet, — quand je souffre, je n'ai qu'à penser à toi pour me guérir... Quand je suis là, tout seul, devant ces livres muets qui me refusent le secret de la science; quand ma tête brûle et que mon cœur est plein de larmes, je n'ai qu'à dire : ma mère!... je sens l'espérance qui revient et mon cœur qui se rouvre...

Il parlait parmi ses baisers.

Il disait encore :

— En t'appelant ainsi, c'est Dieu que j'invoque n'est-ce pas?... car notre mère, c'est la bonté de Dieu... Oh! ceux qui souffrent et qui n'ont pas de mère, voilà les condamnés ! voilà les malheureux !

— Ta mère! murmurait la Chaumel;
— ta pauvre mère qui n'a rien fait pour
toi! qui t'a jeté en ce monde tout faible
et tout nu... qui n'a rien à te donner... qui
n'a rien à te promettre!...

— Oh! tais-toi, mère! s'écria Pichenet
en pressant son front comme un bâillon
sur la bouche de la Chaumel; — tais-
toi!... tu ne m'as rien donné!... mais n'es-
tu pas là? Que me fait le reste si j'ai ma
mère auprès de moi?... Tu n'as rien à me
promettre... Sais-tu? si j'étais une fois
riche, si je te voyais avec de bons habits,
mangeant dans une cuiller d'argent, —
une grosse bûche dans ton foyer, l'hiver,
des socques fourrées à tes pieds, — du
cidre dans ta cave, une marmite de cuivre à ta crémaillère — et une chaise
marquée à l'église, et de quoi donner le

pain béni à ton tour... enfin tout ce qui fait le bien-être, l'aisance, le repos ; si je te voyais cela, je serais si heureux !... Bah ! est-ce que je sais dire comme je serais heureux !... Eh bien ! c'est là ce que tu as à me promettre, ma mère !... C'est là ce que tu me donnes... c'est ma force et mon pauvre espoir... ton bonheur que je rêve, qui me soutient et qui fera de moi un homme, si Dieu le veut, dans l'avenir !

Puis c'étaient des caresses sans fin.

Ah ! si la Chaumel n'avait pas été folle une fois en sa vie ! si elle ne s'était pas remariée au danseur de corde Malbrouk !

— Ecoute, dit-elle entre deux baisers, — il faut être raisonnable... puisque ton père... (car elle avait aimé ce grand coquin de Malbrouk au point de s'habituer à l'appler le père de son fils, — et Pichenet aimait sa mère au point de ne pas protester avec horreur), puisque ton père le veut, il faut obéir. Pour des gens comme nous, des gens dans la misère on peut danser sur la corde sans se déshonorer...

Les paroles s'arrêtaient dans sa gorge, mais elle poursuivit :

— Ton père est brusque... mais il est bon... Tu as quatorze ans passés, maintenant... et tu n'as pas de métier...

Dès les premiers mots de la Chaumel, la pâle figure de l'enfant s'était couverte de rougeur.

— Tu sais bien que j'obéis depuis quelque temps, interrompit-il.

— Oui... mais j'ai peur...

— Tu as tort d'avoir peur, ma mère... désormais j'obéirai toujours.

Hélas ! Pichenet rougissait parce qu'il avait honte.

Sa conscience lui criait que cette abnégation n'était pas pour sa mère.

Sa conscience lui criait : Tu as changé d'orgueil !... Autrefois, tu pâlissais sur tes livres pour t'élever jusqu'à *elle*.

Fou ! misérable fou !

Maintenant, tu danses sur la corde pour qu'*elle* te regarde ! — Plus fou ! fou plus misérable !

C'était vrai.

Voilà ce qui arrive quand une passion virile se fourvoie dans le cœur d'un enfant.

L'enfant ne devient pas homme pour

cela. Ses efforts restent puérils. Sa folie est une folie d'enfant.

Pour arriver au cœur de Marielle, la fière, Pichenet dansait sur la corde!...

— Il y a une chose dont je ne t'ai jamais parlé jusqu'ici, reprit la Chaumel, comme si elle eût répondu à cette plainte confuse qui s'élevait dans la conscience de son fils, et comme si son instinct de mère lui eût montré l'instant favorable pour cautériser la plaie inconnue; — il y a une chose dont je ne t'ai jamais parlé... Je n'ai pas osé... tu es glorieux... je pensais toujours que cela te ferait trop de peine... mais aujourd'hui, je ne veux plus tarder, parce que quand tu sauras cela, tu seras soumis et tu n'auras plus d'orgueil... Il y a bien longtemps que nous vivons d'aumônes.

— D'aumônes! répéta Pichenet dont la tête bondit sur les genoux de sa mère, et se redressa pleine de fière amertume.

— Nous sommes si pauvres! poursuivit la Chaumel; ton père emporte l'argent, quand il y en a; et c'est son droit, puisqu'il est le maître. Souvent, quand il s'en allait, comme cela, nous restions sans pain. Mais le bon Dieu est si bon, Pichenet! Il y a encore des anges sur la terre, va!

Pichenet le savait bien. — L'image éblouissante de Marielle passa devant ses yeux.

Le Chaumel continuait :

— Un matin que j'étais à pleurer sur mon lit... car mon homme n'était pas revenu au logis depuis trois jours, et je t'avais donné, la veille au soir, notre dernier morceau de pain... j'entendis des pas furtifs se diriger vers notre cabane... Il faisait encore bien noir, et pourtant je n'eus pas peur. Une maison où il n'y a rien est bien gardée ! Je me dis : Si ce sont des voleurs, tant pis pour eux ; mais ce n'étaient pas des voleurs... on vint jusqu'à la porte ; les pas s'arrêtèrent juste au seuil, et l'on ne frappa pas... seulement, entre le bois de la porte et la pierre du seuil, il y a, tu le sais, une large fente... Par cette fente, je vis quelque chose de blanc... Puis j'entendis sonner un objet sur le sol de la cabane.

Les larmes, c'est comme le sommeil, cela donne des visions. Je me retournai sur ma couche en grondant, car je croyais avoir fait un rêve.

Le jour vint, et je me levai pour

travailler avec ses premières lueurs.

Il y avait sur le carreau de notre cabane une pièce d'or de vingt-quatre livres...

— Ah! fit Pichenet qui écoutait les yeux béants, la bouche grande ouverte.

Et il ajouta au dedans de son cœur :

— Marielle! oh! Marielle!

Il était écrasé, assurément, sous l'idée de sa misère.

Mais il adorait, plongé dans une sorte de béatitude, cette nouvelle auréole qui resplendissait tout à coup au front de Marielle.

On ne peut pas dire qu'il eût sondé jamais l'abîme qui le séparait de son rêve.

On peut même affirmer que ce culte étrange qu'il avait voué à mademoiselle de Noyal n'avait aucun des caractères de l'amour qui désire et qui espère.

Pourtant, les songes d'un enfant se perdent si avant dans les brumes de l'impossible ! — Pourtant, il avait pu voir, entr'ouvertes, dans le délire de la fièvre, les portes de son paradis.

Cette aumône le faisait retomber si bas, que la fièvre elle-même ne pouvait plus lui montrer les degrés qui montaient au ciel...

Il était bien triste. Mais sa tristesse était une extase.

— Une belle pièce d'or ! reprit la Chaumel, — de quoi manger du pain pendant bien des jours.

Elle soupira.

— Oui, oui, murmura-t-elle, bien des jours ! et j'ai trouvé comme cela bien des pièces d'or...

Elle est revenue ! interrompit Pichenet.

— Elle est revenue si souvent, qu'avec l'or qui a passé entre la porte et la pierre du seuil, nous aurions pu bâtir une bonne maison sur le tertre... Mais ton père...

— Ah ! fit encore Pichenet, qui, cette fois, fronça le sourcil.

Il songeait à ce bel or, tombant des blanches mains de Marielle dans la main souillée de Malbrouk.

Et cela le révoltait comme si on lui eût conté une histoire de sacrilége.

— Ton père, continua la Chaumel, — voyant que nous avions toujours du pain, s'est demandé d'où ce pain nous venait... il a trouvé... et...

— Et il a volé l'or du bon ange ! interrompit Pichenet.

— Oh ! se récria doucement la pauvre femme, — il n'a pas volé, puisque tout ici est à lui.

Mais il sait maintenant comment vient cet argent, et il ne couche plus jamais dehors.

Il guette... et quand les pas se font entendre sur le sable du tertre, il se lève, il se met à quatre pattes derrière la porte... et l'or n'a pas plutôt touché le sol qu'il le saisit...

Et vous n'avez jamais regardé, ma mère, reprit Pichenet en hésitant, car il voulait entendre prononcer le nom de Marielle ; — vous n'avez jamais regardé par la croisée pour voir de plus près la main angélique...

La Chaumel sourit et leva au ciel ses yeux mouillés.

— Que Dieu la bénisse, la chère, la noble enfant! murmura-t-elle.

Pichenet répéta ce souhait dans le fond de son âme.

— Que Dieu bénisse son père! ajouta la Chaumel, — sa sœur et tous ceux qu'elle aime!... Oh! si, je l'ai vue... je l'ai vue regarder autour d'elle avec inquiétude cachant sa bonne action comme d'autres cachent leurs fautes... Je l'ai vue traverser, légère et si jolie, le tertre humide de rosée... ouvrir la petite porte...

— C'est donc elle! s'écria Pichenet, incapable de se contenir.

— Qui?... Elle?... demanda la Chaumel dont les yeux se séchèrent et prirent une expression d'inquiétude.

— Mademoiselle de Noyal... répondit Pichenet tout confus.

Il y a deux demoiselles de Noyal, dit la Chaumel avec une certaine emphase.

Pichenet savait très bien cela. Mais la parité établie entre Marielle et Blanche le blessa comme eût fait un blasphème.

— Oh !... fit-il d'un air assuré ; — je parle de l'aînée...

— Moi, je parle de l'autre, prononça lentement la bonne femme.

Pichenet baissa la tête.

— Blanche, disait cependant la Chaumel, c'est l'ange, celle-là !... C'est elle qui vient sans bruit, comme la miséricorde de Dieu ! Si les prières d'une pauvre femme peuvent quelque chose, Blanche sera bien heureuse sur la terre et dans le ciel !

Pichenet pensait :

— Ce n'est pas elle qui m'a fait l'aumône !...

Et peut-être qu'il ajoutait, l'enfant en démence :

— Tant mieux !...

Mais la Chaumel n'eut pas le temps d'espionner sa rêverie et d'appliquer sa perspicacité de mère à traduire son silence.

Pichenet lui jeta ses bras autour du cou.

Il la baisa sur les deux yeux comme pour l'aveugler davantage.

— Tu as bien fait de me dire cela, mère, s'écria-t-il presque gaîment, — oui, oui... j'obéirai !

— Tiens ! s'interrompit-il en regardant au dehors, — voici la corde préparée... Dès aujourd'hui, j'y monterai... je le promets !

La Chaumel avait sollicité cette promesse.

Elle fut triste de l'avoir obtenue.

— Fasse le ciel que ce soit la dernière fois? dit-elle en un gros soupir.

Pichenet s'était levé.

Il avait été prendre une veste de cotonnade bleu-clair pailletée d'argent, que Malbrouk lui avait apportée le matin même.

— Vois, dit-il, comme je vais être beau!

Les larmes revinrent aux yeux de la pauvre femme.

Pichenet jeta la veste et se mit à genoux devant elle.

— Si tu pleures, dit-il doucement, — où veux-tu que je prenne mon courage?...

CHAPITRE VII.

Où l'on dîne.

Madame la vicomtesse de Margamel avait une robe de damas jaune qui coûtait vingt-huit livres dix sous l'aune. Elle ne le cacha point à madame la vicomtesse de Landivizy, qui lui déclara, en échange, que sa garniture de dentelles brabançonnes valait soixante et quinze louis moins deux écus.

Madame la vicomtesse de Brec du Lartz de Cramayeul-en-Gévéson-les-Fossés-sur-Papayoux avait fait refaire sa robe de lampas à cœur, avec bouffants pareils. Sa ceinture était neuve.

Madame la vicomtesse du Honnihic, dans tout l'éclat d'une beauté qui avait mis huit lustres à s'épanouir, portait une *obligeante* de satin olive avec rubans mordorés.

Madame la vicomtesse de Galirouet, plaçant plus haut son orgueil, avait trouvé moyen de faire entrer deux douzaines de plumes d'autruches dans sa coiffure.

Elle portait très bien cela. Vous eussiez dit un vivant panache.

Les autres vicomtesses avaient fait ce qu'elles avaient pu.

Le chevalier de Badabrux, poudré comme une houppe, produisait pour la première fois un habit de satin tourterelle dont la coupe semblait remonter aux âges héroïques.

M. de Poilbriant avait ses mollets.

M. de la Guerche portait un solitaire de deux mille louis.

M. de Penvern, le bas breton, n'avait ni satin, ni mollets, ni manchettes; mais un os de gigot qu'il avait mangé le matin, sans compliment, avec trois ou quatre chopines de cidre, l'entourait d'un parfum d'ail réellement appétissant.

Ce gentilhomme, du reste, le portait haut, mettait des clous à ses souliers, grasseyait d'une manière offensante, et donnait des coups d'épée très crânement détachés à tous ceux qui n'aimaient pas le gigot à l'ail.

C'était sa manière de voir. Il ne le cachait pas.

Nous devons pourtant avouer qu'il y avait là, chez M. le marquis de Noyal, des gens qui ne prêtaient point à rire.

A côté du bataillon un peu effrayant des vicomtesses, il y avait tout un essaim de jeunes femmes et de jeunes filles, gaies, spirituelles, folles du plaisir, timides ou hardies, vives ou paresseusement gracieuses, toutes fraîches, toutes avides de plaire, toutes charmantes.

Un immense bouquet mouvant qui chatoyait et montrait tour à tour chacune de ses belles fleurs.

Mettez que les vicomtesses étaient les feuilles de choux qui entourent quelquefois les bouquets rustiques.

A côté du funeste Badabrux, qui était vicieux à ce point de déclamer des tirades de Crébillon, à côté de M. de la Guerche, ennemi de l'orthographe, à côté du Poilbriant ouaté et du Penvern, fanatique de présalé, il y avait, pardieu! des cavaliers, et beaucoup, qui eussent fait, grand train, leur fortune à la cour de Paris.

Il y en avait d'autres qui n'avaient pas besoin de faire fortune.

Quelques-uns s'appelaient Rieux, ou Rohan, ou Montbourcher, ou La Houssaye, ou l'Isle-Adam, ou Goulaine.

Vous eussiez trouvé là des fils de ce chevaleresque Hay, qui partagea sa descendance entre la France et l'Angleterre, du Boberil, La Chalotais, Châteaubriand, Derval, Argentré, Trédern, Broons, Cheffontaines, Labourdonnaye, Labédoyère, Duplessis de Grénédan, Coetquen, Piré, Guébriant, — et d'autres.

Car il n'y a que Rennes, après Paris, pour posséder réunis tant de noms qui occupèrent leur page dans l'histoire.

Et tous, francs comme l'or, tous braves comme la pointe de leur épée.

Frédéric Soulié, ce grand et dramatique esprit, ce cœur excellent, a peint une fois les jeunes gens de Rennes, gais sur le pré, gais à la danse. Il a fait un chef-d'œuvre.

C'est qu'il avait dansé, c'est qu'il

s'était battu avec les jeunes gens de Rennes.

C'est que son cœur robuste ne s'était point affadi au contact de la vie parisienne, c'est que sa tête ardente ne s'était point refroidie parmi les glaciales imitations du *high life* anglais, qui fait depuis cinquante ans l'existence des jeunes gens parisiens.

C'est qu'il se souvenait des belles amitiés, des folles amours, des longs verres, des longues épées!

C'est qu'il n'avait jamais retrouvé dans les méchants braillards du Prado ou de la Chaumière ses étudiants bretons : cœur et bras de fer!

C'est que peut-être, dans les salons ni dans les théâtres de la capitale du monde, il n'avait pu rencontrer cette exquise fleur de beauté... mais c'est qu'il n'avait pas bien cherché, sans doute! Grâce à Dieu, la beauté est de tous les pays, et le monde entier s'agenouille devant les parisiennes.

La maison de M. le marquis de Noyal était tout à fait à la mode, mais on n'y subissait pas dans toute sa rigueur l'étiquette provinciale.

Madame la marquise était morte en donnant le jour à Blanche. L'hôtel de Noyal, dirigé par une jeune fille, une enfant et un marquis entre deux âges, lequel portait cent mille livres de diamants à la garniture de son habit, l'hôtel de Noyal gardait une physionomie toute particulière. On s'y amusait franchement, sans trop de façon, de bon cœur.

La langue fourchue des vicomtesses ne

parvenait pas même à envenimer ces nobles joies. Et quoique le criminel Badabrux y déclamât des scènes de tragédie, l'ennui restait à la porte.

On s'arrangeait pour rire, malgré les alexandrins malfaisants. On dansait trois fois mieux qu'ailleurs, à la barbe des vicomtesses.

Ceci n'est pas une métaphore vaine.

Les vicomtesses avaient de la barbe, et celle de madame de Galirouët était rousse.

Mon Dieu! elles ne nous ont rien fait, ces bonnes femmes! Mais c'étaient des *bourgeoises-nobles!*

Avouez qu'il n'y a rien d'odieux comme cela sous le ciel!

Quand les vicomtesses se mettent à être bourgeoises et commères elles le sont effroyablement.

Il y en a de jeunes; il y en a de vieilles; il y en a même de jolies, chose hideuse à penser!

Il y en a en province; il y en a à Paris!

Ces médisances, qui ne sont charmantes qu'à la condition de rester légères comme des toiles d'araignées, nos vicomtesses en font de la toile de ménage. Elles ont la mission spéciale de mettre en loques le voile doré dont se pare le beau monde. Leur destin est de montrer la grimace sous le sourire, la jaunisse sous la pourpre.

Elles mordent, non pas avec des incisives mignonnes, mais avec de grandes dents maladroites, qui déchirent au lieu de couper.

Si madame de Margamel, après avoir eu des malheurs, se présentait à madame de Galirouet pour être sa femme de chambre, madame de Galirouet dirait :

— Fi ! la vachère !

Et réciproquement.

Nous parlons au présent, notez bien, quand il s'agit de nos vicomtesses. C'est la force de la vérité, car elles existent ; elles ne mourront, hélas ! jamais. Elles seront éternelles comme les escargots de la vigne, comme les sauterelles des prés, comme les chenilles gourmandes attachées aux tiges des roses.

Auprès de la beauté qui charme, auprès de la gracieuse et noble élégance, il faut de ces difformités.

Cependant, on tue les sauterelles, on écrase les chenilles, et les escargots (sort plus lamentable) sont à pâture des Marseillais.

Que faire à nos vicomtesses ?

Nous proposons de les livrer, pieds et poings liés, au formidable Badabrux, qui est éternel aussi, et qui, profitant lâchement de leur position, leur déclamera le récit de Théramène jusqu'à la consommation des siècles.

Quand Lacuzan revint de son expédition auprès de Malbrouk, le dîner était commencé, — un très grand dîner, qui promettait de faire honneur au marquis de Noyal et à son cuisinier.

La place de Lacuzan était restée vide. On avait remarqué son absence. Mais les vicomtesses avaient faim et ne mordaient encore que des relevées de potage.

— Eh bien ! s'écria le marquis, —vous êtes un drôle de corps, Lacuzan !... vous êtes arrivé le premier et vous vous mettez à table le dernier.

— Excusez-moi, je vous prie, M. le marquis, répondit Lacuzan ; — une affaire d'une certaine importance...

— Je sais... je sais ! interrompit madame de Galirouet ; — en montant le perron, j'ai vu, par dessus la muraille du jardin, M. le comte qui causait avec Malbrouk, le danseur de corde.

Madame la vicomtesse de Galirouet avait ce disant, un sourire à la fois innocent et pointu. On regarda Lacuzan qui salua la vicomtesse en silence.

A son entrée, Marielle avait rougi imperceptiblement.

Quant à mademoiselle Blanche, elle

lui avait jeté un regard qui voulait dire :

— Est-ce fait ?

Et comme le signe de tête de Lacuzan répondit :

— C'est fait !

Mademoiselle Blanche eut bien le courage de lui envoyer un baiser, à travers une table de soixante couverts. Nous ne pouvons qu'implorer pour elle l'indulgence du public.

Aucune des vicomtesses n'avait perdu ce mouvement.

Et toutes se promirent *in petto* d'en faire une bouchée pour leurs grandes dents, au dessert, quand le premier appétit serait passé.

Cependant, le héros Lacuzan se mit à table et mangea comme un simple dragon. Ainsi sont doués les amoureux de Bretagne.

Les deux premiers services disparurent, après avoir été fêtés en conscience.

Tout était délicieux. On entendait déjà des hymnes à la louange du bordeaux de Noyal. Les langues se défiaient. Blanche riait trop haut avec ses voisins. Badabrux, comme une cruche fêlée qui rend de vilains sons, laissait fuir quelques hémistiches.

L'orchestre jouait en sourdine les belles mélodies de Gluck, qui impatientaient les vicomtesses à l'unanimité. Elles disaient néanmoins que c'était sublime.

Jeunes femmes et jeunes filles s'animaient à la pensée de la danse prochaine.

Marielle causait et causait gaîment. Elle avait eu pour chacun des paroles gracieuses, excepté pour le comte Henri de Lacuzan.

C'était la faute de Lacuzan qui, seul, avait négligé de grossir sa cour avant le dîner.

Quant au marquis, ses yeux brillaient trois fois plus que les boutons de diamant de sa veste. Le marquis buvait peu ; mais il avait la tête faible aux fumées de la gloire.

Ce fut le moment choisi par le tragique Badabrux pour parler un peu du mal d'enfer, que tout le monde tâchait d'oublier.

Car tout le monde avait peur du mal d'enfer.

Depuis une semaine l'épidémie faisait, dans la ville même, des ravages effrayants.

— Oui, madame, dit ce Badabrux, en élevant la voix de manière à couper net toutes les conversations particulières, — le pro-secrétaire de l'évêché n'avait aucun motif de me tromper... hier, le chiffre des décès montait à vingt-neuf.

Ce fut comme un coup de baguette.

Le silence se fit autour de l'énorme table ; un silence morne et complet.

Et par un singulier hasard, l'orchestre frappant le dernier accord d'un chant mineur, s'étouffa en un sourd gémissement.

Chacun se sentit un froid dans les veines.

Marielle tressaillit et pâlit. Le sourire se glaça sur ses belles lèvres roses.

— Vingt-neuf! répéta-t-on à la ronde, quand le premier frisson eut passé.

Badabrux se rengorgea.

— C'est énorme! dit-on encore ; — sur une population de trente mille âmes!..

— Permettez! permettez!.. reprit Badabrux avec un vivacité qui n'était pas exempte de satisfaction (car il y a du chacal dans le nouvelliste), — je n'ai pas dit vingt-neuf sur la population tout entière... j'ai dit vingt-neuf sur la seule paroisse de Saint-Étienne... Et il y a six paroisses à Rennes, sans compter Saint-Hélier...

— Six fois vingt-neuf grommela M. de la Guerche, cela fait...

Mais il n'était pas beaucoup plus fort sur le calcul que sur l'orthographe.

— Cela fait cent soixante-quatorze,

acheva Badabrux qui mit ses mains en croix devant son assiette.

— Eh bien! dit Penvern le Bas-Breton, de ce train-là, ça ne durera pas longtemps, voilà tout!

— Cent soixante-quatorze... répétaient cependant les voix de femmes; — en un seul jour!.. c'est la fin du monde!

Marielle avait les yeux baissés; des tressaillements sourds agitaient ses lèvres.

— Eh! M. le chevalier! s'écria le marquis en colère, — quel dessert nous donnez-vous là?... Ne pouviez-vous trouver un sujet moins lugubre?...

— M. le chevalier aurait pu, du moins, y mettre moins d'exagération, dit Lacuzan, de sa voix sonore et timbrée.

C'était la première parole qu'il prononçait depuis qu'il avait pris place à table.

— Il me semble, M. le comte, riposta Badabrux, piqué au vif, — que le pro-secrétaire de l'évêché peut bien savoir... et que c'est un personnage assez posé pour...

— M. le chevalier, interrompit Lacuzan, hier, mon valet de chambre est arrivé au château du Grail en disant qu'on avait enterré trois cents personnes la nuit précédente.... Mille pardons, mesdames; la fin de mon histoire vaudra mieux que le commencement... je suis volontiers la marche de ce terrible mal d'enfer; parce que les premières victimes ont été mes pauvres sabotiers de la forêt de Rennes.

— Et Dieu sait combien vous en avez sauvé, Lacuzan! dit Albert de Coëtlogon avec chaleur; — oui! vous avez le droit de parler du mal d'enfer, vous!

Blanche remercia Albert du regard.

Une teinte rosée reparut sur les joues de Marielle.

— S'il faut un droit pour parler de l'épidémie régnante, commença Barbadrux, — je crois que M. le pro-secrétaire...

Mais un chœur de voix de femmes s'éleva :

— Parlez ! parlez ! M. de Lacuzan ! criaient-elles.

— Sur ce rapport, je suis venu aussitôt à Rennes, reprit ce dernier ; je me suis rendu chez les recteurs des cinq paroisses principales, et j'ai appris qu'il était mort dix personnnes dans la journée d'hier.

Un long soupir de soulagement courut autour de la table.

— Je savais bien ! je savais bien ! s'écria le marquis enchanté. — Fables que tout cela !.. D'ailleurs, le mal d'enfer ne grimperait pas sur les hauteurs de Saint-Melaine, où nous sommes... A votre santé Lacuzan, vous avez ramené le sourire sur les lèvres de nos dames.

Ces dames, en effet, souriaient. Badabrux tout seul avait l'air menaçant et sombre.

Mais Lacuzan secoua la tête.

Marielle le dévorait maintenant du regard.

— Le mal d'enfer n'est pas une fable, dit Lacuzan d'une voix lente et basse, — le mal d'enfer a gravi les hauteurs de Saint-Melaine.

Marielle devint plus blanche que la mousseline de sa robe.

Il y a un malade près d'ici! murmura-t-elle...

Une heure après, l'orchestre jouait un menuet.

Les entremets et le dessert avaient passé sur ces quelques mots échangés à propos de l'épidémie. Le bon vin du marquis avait fini par ramener la gaîté.

Dix personnes, c'est si loin de cent soixante-quatorze.

Et puis les dîners du marquis de Noyal vous eussent égayé les malades du mal d'enfer eux-mêmes. Personne ne songeait plus à ce cri de chouette que Badabrux avait poussé.

Seulement, pour le punir et pour ne pas tuer dans son germe la joie renaissante, on avait interdit à ce Badabrux funèbre toute espèce de fragment dramatique. Il en avait apporté plusieurs. La *Tem-*

pête de Crébillon et le monologue de *Mi-thridate* l'étouffaient.

Le Bas-Breton l'envern, qui aimait mieux la viande que la poésie, portait sa santé ironiquement, mais buvait pour tout de bon.

Et Badabrux souffrait comme un amateur que les hémistiches étranglent. Il trompait sa douleur en se récitant à lui-même des tirades célèbres. Sa main habituée aux gestes traditionnels, se crispait sur son frac tourterelle, et ses yeux roulaient comme les yeux du propre serpent de Laocon.

S'il avait pu seulement saisir à la gorge une vicomtesse, une seule, pour la contraindre à écouter la scène d'Agamemnon et d'Achille? Mais les vicomtesses avaient bien d'autres choses à faire. Elles reutraient leurs dents et cherchaient laborieusement des danseurs.

Elles souriaient toutes, avenantes et gentilles à faire frémir les faux-mollets de Poilbrillant.

Badabrux, au désespoir, prit le bouton de M. de la Guerche, gentilhomme illettré et lui dit d'un air suppliant :

— Un bruit assez étrange est venu jusqu'à moi, seigneur...

— Ce n'est pas moi! répliqua la Guerche en rougissant, car il se méprenait; ce doit être Penvern... Penvern n'en fait jamais d'autres!

Penvern n'était pas timide, néanmoins il rougit aussi, et Badabrux, méconnu, rabattit sa perruque sur son front. Cet échec était au-dessus de ses forces.

— Mon malheur, à la fin, passe, mon

espérance, murmura-t-il en jetant au ciel le regard sarcastique d'Oreste; — merci! je suis content!..

Tout le monde se dirigeait vers les terrasses au bas desquelles était la salle de bal.

Marielle se penchait au bras d'Albert de Coëtlogon, — et vraiment nous ne savons plus si mademoiselle Blanche avait raison de dire qu'Albert n'était pas là pour Marielle.

Ce n'étaient partout que jeunes couples souriants et heureux.

La petite main de Blanche toucha le bras de Lacuzan, qui restait seul et qui rêvait.

— Merci! murmura-t-elle.

Lacuzan la regarda. — Il y avait sur son visage une tristesse profonde.

— Tu es bon, reprit Blanche; — tu seras heureux.

Puis elle ajouta:

— Ce Malbrouk a-t-il accepté?

— Oui, répondit Lacuzan, — l'enfant ne dansera plus sur la corde.

Blanche se mit à sauter, tant elle était joyeuse.

— Oh! Lacuzan! mon Lacuzan! s'écria-t-elle, — si tu savais comme je t'aime!

Elle pensait:

— Le pauvre Pichenet va être heureux avec ses vieux livres... plus de coups, plus de larmes.

Et la joie débordait de son cœur, tendre et bon autant que le cœur des anges.

En ce moment, vingt voix s'élevèrent au dehors.

— Venez ! venez ! criaient-elles, venez voir les danseurs de corde.

— Blanche sentit comme un poids sur sa poitrine. — Elle s'élança vers la fenêtre et poussa un cri en tournant vers Lacuzan son regard désolé.

Elle venait de voir Pichenet, le balancier à la main, bondir à quatre pieds au-dessus de la corde.

CHAPITRE VIII.

Triomphe de Pichenet.

Le tertre sablonneux qui séparait la cabane de Malbrouk du jardin de l'hôtel de Noyal, et qui s'appelait le tertre Saint-Melaine, avait singulièrement changé d'aspect depuis quelques heures.

C'était fête au dehors comme au dedans. Le 3 juin se trouvait être un dimanche. Le bon populaire de Rennes se divertissait de son côté.

Malbrouk avait fait écrire sur cinq petits carrés de papier ces simples mots :

« Dimanche, au tertre Saint-Melaine, derrière l'hôtel de Noyal, Malbrouk dansera sur la corde, et Pichenet aussi. »

Au milieu du dix-huitième siècle, on n'avait pas encore abusé de la publicité. Les cinq petits papiers de Malbrouk, collés à la porte des cinq églises, firent merveille.

Malbrouk n'était pas sans quelque réputation. Quant à Pichenet, il excitait tout l'intérêt d'un débutant.

Aussi, tout de suite après la grand'messe, le flot populaire qui, d'habitude, roulait vers les guinguettes de l'Arsenal ou du côté de la Prévalaye, illustre par son beurre et ses allées de châtaigniers, — ou vers le faubourg l'Evêque, patrie du cidre à cinq liards le pot, — le populaire, disons-nous, se dirigea vers la haute ville.

A Paris, dès qu'il y a fête, le peuple court, les gamins piaulent, les enfants pleurent, les grisettes lancent leur rire aigu et moqueur; — les pères de famille, porteurs du parapluie prudent, enseignent sur le trottoir, à de vilains petits Français, comment on fume la pipe patriote; — les mères se dandinent, fières du droit qu'elles ont d'écraser les pieds des passants.

A Rennes, le peuple ne court pas. Composé en grande partie de paysans, il va gravement, parlant juments, vaches et pommiers. Le parapluie est remplacé par le bâton à gros bout, lié au poignet ou au bouton de la veste par une lanière de cuir. Les ménagères ont la voix plus rude, mais moins horriblement braillarde que les mères parisiennes. Elles marchent en troupe, tenant la rue, causant toutes à la fois et riant à l'unisson sous leur rochet de laine noirâtre.

Pour notre part, nous l'avouerons avec candeur, nous aimons, de passion, la foule. En province comme à Paris, c'est avec une secrète joie que nous faisons le plongeon dans une belle et bonne cohue. Nous chérissons ces pères à parapluie, ces pipes mal-odorantes et ces enfants criards. Il n'y pas jusqu'à la mère, portant à plein bras une charge de marmaille, la lèvre brillante de sucre d'orge, qui ne nous cause une émotion très douce en posant ses pieds plats sur nos orteils.

Les illuminations, les feux d'artifice, les foires, les mâts de cocagne, les rues inondées de multitude, la boue, la poussière, les mirlitons, les fricassées de lard, le pain d'épice et la vielle organisée, voilà évidemment le beau côté de la vie; la face aimable de la civilisation!

Il n'y a pas que le peuple dans ces émouvantes allégresses de la place publique; il y a aussi la bourgeoisie en habit bleu, en châle-tapis, la bourgeoisie qui ne dit pas mon fils et ma fille, mais bien mon *garçon* et ma *demoiselle*; la bourgeoisie qui vous demande des nouvelles de votre *dame* et non point de votre femme, la bourgeoisie comblée de ventre, splendidement joufflue, rouge à éblouir, la grasse, la belle, l'honnête, la vertueuse, la rangée! — Rubans couleur de feu, tabatière d'or, lorgnette de spectacle en plein midi ! — Demoiselles plus longues que des peupliers, jeunes messieurs maniant le mètre et le fleuret, — petits mimis habillés en artilleurs !

Chers anges !

———

Mademoiselle Guillemitte Bardedor, mercière à l'enseigne de la *Grosse-Pelotte*, rencontra sur le parvis de l'église Saint-Sauveur M. Saturnin Mormichel, marchand de tabac.

Mademoiselle Barbedor n'avait jamais été jolie, mais ses amis avouaient qu'elle était absolument désagréable.

Quant à Saturnin Mormichel, c'était un

petit homme sucré, tiré à quatre épingles dans de vieux petits habits et rompu aux finesses du beau langage des marchands de tabac. Il pouvait avoir quarante ans, mademoiselle Barbedor n'en avait guère que quarante-huit.

La convenance d'âge y était, comme disait Bébelle Trécoché, la plus espiègle des cinq demoiselles Trécoché, négociantes.

La convenance de taille y était également, car mademoiselle Barbedor dépassait Mormichel de toute la tête.

Il y avait sept ans qu'elle lui faisait la cour.

Le père Vivé, suisse de l'hôtel de Noyal, mauvaise langue comme tous les fonctionnaires de sa sorte, prétendait que Mormichel avait laissé un jour son manteau entre les mains maigres de la tendre Guillemitte.

Mais Mormichel n'avait jamais eu de manteau.

Mademoiselle Guillemitte Barbedor et M. Saturnin Mormichel se saluèrent poliment devant la porte de l'église, et Mormichel offrit son bras avec galanterie.

Mademoiselle Guillemitte fit les façons que de droit, puis elle accepta, fière d'avoir dans ses chaînes un si beau petit homme, si bien peigné, si bien brossé.

Il faut vous dire que le célibataire Badabrux avait rôdé dans les temps autour de la Grosse-Pelotte, mais Guillemitte Barbedor avait des principes.

Bobonne Trécoché, la seconde des cinq Trécoché, avait eu tort de faire des can-

cans à ce sujet ; mais il faut bien se divertir entre amies.

— Ce m'est toujours, mademoiselle Guillemitte, un honneur et un plaisir... avait commencé le jeune Mormichel.

— Voyez! voyez, pourtant! interrompit mademoiselle Barbedor qui avait avisé l'affiche de Malbrouk; — voyez, M. Mormichel! voyez si ces vagabonds ne sont pas plus effrontés tous les jours!... Mettre cela sur la porte d'une église!

— Le fait est que, suivant mon opinion... commença encore le petit marchand de tabac.

— Non! s'écria Guillemitte indignée, — ce n'est pas tolérable, monsieur Mormichel; — à quoi pensent les gens de l'hôtel de ville? et la maréchaussée? et le lieutenant du roi ? et monseigneur le gouverneur de la province ?

— Le fait est...

— Ça n'a pas de nom, M. Mormichel ; ça n'a pas de nom !.. Ah !.. doux Jésus ! doux Jésus ! dans quel temps vivons-nous !

Fifine Trécoché, la troisième Trécoché, accusait mademoiselle Guillemitte d'être plus bavarde qu'une pie. — Méfiez-vous de ces Trécoché.

Tout en parlant ainsi et très-vite, afin de pouvoir parler davantage, mademoiselle Barbedor suivait le flot et montait vers la haute ville.

Arrivée à la rue Saint-Georges, qui était alors le beau quartier de la capitale bretonne, mademoiselle Barbedor et M. Mormichel saluèrent M. et madame Soliman, perruquier et perruquière.

— Quel genre a ce pauvre Soliman! dit Mormichel avec compassion.

— Est-il permis d'être laide comme cette pauvre Babet! répliqua mademoiselle Guillemitte en regardant madame Soliman avec douceur; — ça a pourtant trouvé un mari...

— Quel mari!.. se récria Mormichel.

Moumoute Trécoché, la quatrième, ne se cachait pas pour dire que si le Mormichel épousait la Barbedor, et qu'ils eussent des petits, il faudrait museler tous les chiens, crainte de la rage.

M. et madame Soliman allaient voir Malbrouk. Ils conduisaient en laisse leur héritier Félicien, perruquier d'un âge encore tendre.

Le marchand de tabac, la mercière et les perruquiers opérèrent leur jonction, car il est bien doux de marcher en grande troupe et de barrer complètement les rues trop étroites.

Alors, ce furent d'affreux coups de langue contre tous ceux qui passaient. Mormichel mettait de l'arsenic dans le sucre de son éloquence; les Soliman traînaient leur clientèle dans le ruisseau. Quant à Guillemitte Barbedor, elle était venimeuse comme trois vipères.

Aussi, Nonotte Trécoché, la dernière et la plus intéressante de toutes les diverses Trécoché, l'avait surnommée la Couleuvre-sans-dents.

Car Guillemitte Barbedor ne mordait plus qu'avec ses gencives.

Au bout de la rue Saint-Georges, Bébelle Bobonne, Fifine, Moumoute et Nonotte Trécoché, — les cinq Trécoché, — dans tout l'éclat de leur toilette dominicale, croisèrent notre phalange, également composée de cinq membres, y compris le perruquier impubère, Félicien.

On s'embrassa, tête bleu! On s'aimait tant!

Les Trécoché allaient voir Malbrouk.

Guillemite, après avoir un peu tempêté encore contre l'effronterie de ces saltimbanques, se décida à faire comme tout le monde.

Elle tempêtait bien contre le mariage, cette vierge antique qui avait passé quarante-huit printemps à chercher éperdument un époux!

Une fois renforcée par les Trécoché, notre armée ne mit plus de bornes à ses débauches de langage. On prit dans la ville au hasard, on déchiqueta les réputations. Jeunes et vieux y passèrent. — Un véritable carnage!

Guillemitte promenait de temps en temps sa langue sur ses lèvres comme les hyènes qui ont fait curée. Il y avait du plaisir!

Quand la troupe arriva au tertre Saint-Melaine, elle s'était recrutée de dix autres bonnes gens des deux sexes, depuis le portier Vivé jusqu'à madame veuve Nestor, sage-femme jurée.

Vous sentez qu'il était temps d'arriver. La ville, prise d'assaut et ravagée de fond en comble, ne leur offrait plus de pâture.

Le tertre était plein, et notre armée ne trouva de place que grâce à l'importance des fonctions de Vivé, portier. Cet homme public savait parler à la multitude, qui respectait en lui la méchanceté proverbiale de ses pareils.

De tous côtés, on voyait des têtes de paysans, couvertes de larges feutres, et des coiffes de formes variées, au milieu desquelles brillaient les casques de quelques dragons.

C'était une affluence énorme et qui augmentait à chaque instant, car la foule continuait de monter et débouchait incessamment sur le tertre, tant du côté de la rivière que des hauteurs couronnées par les jardins du couvent Saint-Melaine.

Il y avait un drapeau blanc au-dessus de la pauvre cabane de Malbrouk, et sur la toile que le vent faisait flotter, on pouvait lire ces mots griffonnés au pinceau :

« A deux heures, Pichenet ; à trois heures, Malbrouk ! »

Mais il n'était pas besoin de ce drapeau et de l'annonce laconique qu'il portait pour aiguillonner l'impatience générale ; la corde tendue était là sur ses pieux croisés en chevalet; tout autour de ce théâtre régnait l'enceinte circulaire que Malbrouk avait tracée le matin. Malgré l'encombrement de la place, malgré l'envie que chacun avait de prendre position pour bien voir, l'enceinte était unanimement respectée. Paysans, paysannes, petits bourgeois, valets de bonne maison, gamins, fillettes et dragons se tenaient en dehors du cercle, comme si c'eût été une muraille infranchissable. On échangeait quelques gourmades dans la foule, plus d'une coiffe portait déjà la trace des doigts crochus, mais la frêle barrière restait intacte autour de l'enceinte vide.

Il y avait du monde partout, sur les murailles basses de l'enclos de l'abbaye, sur les toits des dernières maisons de la rue Hue, et jusques dans les arbres dont les branches criaient et menaçaient de se rompre.

— Si j'avais voulu, dit le portier Vivé en tournant un regard vaniteux vers les jardins de Noyal, — je serais là, bien à mon aise, assis sur une bonne chaise et à l'ombre. Mais j'aime mieux venir avec tout le monde pour ne m'en point faire accroire.

— Avec ça, dit Guillemitte Barbedor, — qu'il y a trop de gentilshommes et de dames aujourd'hui chez le marquis, pour que le portier ait sa chaise à l'ombre.... C'est bon quand les maîtres ne sont pas là.

Vivé fit la grimace et poussa rudement une grosse métayère qui était entre lui et l'enclos de l'hôtel de Noyal.

— C'est bien le moins que je puisse m'adosser contre mon mur! s'écria-t-il, heureux de décharger sa mauvaise humeur sur quelqu'un; — rangez-vous, bonne femme, et faites place à ma société.

La société de Vivé, prompte à saisir l'occasion, s'installa commodément dans le petit ruban d'ombre que donnait la muraille. Les cinq demoiselles Trécoché tirèrent leurs cinq mouchoirs de coton à carreaux pour s'essuyer le front; M. et madame Soliman, madame Nestor, Saturnin Mormichel et Guillemitte elle-même profitèrent de l'influence de Vivé.

Ce qui n'empêcha point Guillemitte de

murmurer à l'oreille de son beau petit Saturnin :

— On en a fait de jolies aujourd'hui derrière son mur! Ah! seigneur Dieu! faut-il choisir justement le dimanche pour ces orgies et pour ces danses impudiques!... Si j'étais riche, il me semble que je donnerais un autre exemple aux gens du commun!

La foule commençait à perdre patience; il y avait plus d'une heure qu'elle attendait; la porte et la fenêtre de la cabane de Malbrouk restaient fermées.

— A la corde! à la corde! criait-on de toutes parts. Allons! Malbrouk, à la corde!

— Malbrouk! disaient d'autres voix, est-ce que tu n'as pas fini de battre ta femme?

Et d'autres encore :

— Tu auras le temps de rosser Pichenet ce soir, Malbrouk.... Malbrouk à la corde !

La pauvre cabane restait muette ; les yeux fixés ardemment sur la porte fermée, la voyaient toujours immobile.

Le drapeau dont le vent nonchalant déroulait les plis, montrait de temps en temps les lettres mal formées de son annonce : A deux heures, Pichenet ; à trois heures, Malbrouk.

Et deux heures étaient sonnées depuis longtemps à l'horloge de l'hôtel de ville.

Il y avait des pierres sur le tertre ; on parlait déjà de faire le siège de la maison de Malbrouk, lorsque tout à coup un grand cri de joie annonça que l'attente était finie. La porte de la cabane venait en effet d'ouvrir son unique battant, et Malbrouk sortait tenant Pichenet par la main.

— Malbrouk! Malbrouk! vive Malbrouk! s'écria-t-on en chœur pour saluer cette entrée solennelle.

Le saltimbanque avait un air imposant et plein de fierté; il s'avança d'un pas grave jusqu'au milieu du cercle et fit le geste de présenter Pichenet à la foule en dessinant un très beau salut.

— A la bonne heure, Malbrouk!... cria la cohue. — Voyons, parle Malbrouk, et dépêche-toi.

— Messieurs et dames, dit le saltimbanque qui se redressa et mit le poing sur la hanche comme pour montrer mieux le dessin de sa taille vigoureuse, serrée dans un casaquin à paillettes, — messieurs et dames, c'est pour avoir l'avantage de vous montrer ce que nous pouvons faire, mon élève et moi, sur cette corde qui n'a subi aucune préparation quelconque... Personne n'ignore dans cette ville que j'ai travaillé en présence de la cour de Paris et de plusieurs autres têtes couronnées, dont j'ai les preuves écrites de leur satisfaction dans mes papiers. Nous allons commencer par divers exercices exécutés par mon élève, âgé de quatorze ans, avec et sans balancier... après lequel j'aurai l'honneur de travailler moi-même, mettant tous mes soins, comme d'habitude, à mériter la faveur de la respectable compagnie.

— Assez! Malbrouk! assez!... crièrent quelques voix.

Malbrouk réclama le silence d'un geste noble et digne.

— Messieurs et dames, reprit-il, je suis là pour vous obéir... Monte Pichenet ! Allez la musique.

Pichenet, vêtu de sa casaque neuve, toute ruisselante de paillettes, fit un pas et mit sa main sur la corde.

La musique *alla*. — Savez-vous ce que c'était que la musique de Malbrouk ? — Au moment de vous le dire, la plume nous tremble entre les doigts.

La musique, hélas ! faut-il révéler cette misère profonde !

La musique, c'était la pauvre Chaumel, pâle et triste, qui avait, elle aussi, une casaque brodée de clinquant, et qui tapait sur une grosse caisse en tâchant de sourire.

La Chaumel, descendue de son noble rang d'ouvrière honnête et libre!

La Chaumel, cette mère qui savait toutes les délicatesses du cœur! cette femme qui avait été belle et aimée? cette mère dirons-nous encore, car c'est tout dire!

Ces gens qui étaient là, ces mille unités de la foule la connaissaient et répétaient son nom en raillant.

Écoutez! sous le rire sceptique de la forme, il y a le fond sérieux, la réalité poignante. Vous aussi, vous la connaissez, la Chaumel. C'est cette malheureuse qui était fière et qui avait le droit d'être fière. C'est cette femme pure, cette femme honnête, tombée plus bas, en quelque sorte, que la femme impure et que la femme déshonnête.

C'est celle qui affolée par l'ennui du veuvage, trompée par son cœur peut-être, entoura d'un prestige menteur l'indigne objet de son dernier amour.

C'est celle qui fut vertueuse toujours, qui est vertueuse encore et que vous méprisez parcequ'elle a fourvoyé sa vie, parce que vous ne la voyez plus qu'à travers la honte de son mariage.

C'est celle qui se laissa choir sur les marches de l'autel, un bandeau sur les yeux.

Chose terrible à penser, de toutes les chutes, celle-là est la plus profonde, parce qu'elle eut lieu au grand jour dans l'église pleine et devant la cité éveillée.

On ne s'en relève pas de cette chute.

Et qui sait où va la pente de la misère? Qui sait où est le fond de l'abîme?

La Chaumel ne pleurait pas.

Pichenet s'élança d'un bond sur la corde.

Par dessus le mur de l'hôtel de Noyal, la musique de la fête opulente arrivait suave et voilée.

La grosse caisse de la Chaumel n'empêchait pas tout à fait d'entendre le noble menuet joué par l'orchestre du marquis.

Sans le vouloir, Pichenet prit la mesure mollement cadencée qui lui venait par les fenêtres ouvertes, et dansa vraiment le menuet de la cour.

Pichenet avait une charmante figure. Depuis qu'il s'était mis à danser de bonne volonté, sa souplesse merveilleuse s'était vite développée. Malbrouk avait eu raison de le dire à l'avance : c'était un danseur de corde remarquable.

Il était sans doute trop délicatement

gracieux pour cette foule qui demandait surtout le tour de force brutal et l'apparence du danger ; mais néanmoins, la plus grande partie du public, — les coiffes en majorité, — l'adopta tout d'abord et battit des mains à ses débuts.

Est-il besoin de dire que tous les applaudissements se ressemblent ? que ces mains calleuses, claquant rudement au grand air, dégagent la même électricité, — une électricité plus vive peut-être que les mains gantées des balcons de nos théâtres ?

Chacun sait cela. Les bravos de la place publique valent les bravos qui enivrent Sontag, Alboni ou Frédérick Lemaître.

Encore les bravos de la place publique ont-ils l'avantage de n'être jamais payés.

C'est l'ambroisie brute et sans mélange, c'est l'encens tout pur, c'est l'extase.

Pichenet n'était qu'un pauvre enfant.

La Chaumel était mère. — Un vague sourire vint à sa lèvre pâlie.

Pichenet, lui, se disait :

— Si *elle* était là, au moins, pour me voir et pour les entendre !

Pour le voir, lui, dans sa gloire, danser le menuet sur la corde avec sa veste pailletée.

Pour les entendre, eux, les paysans, les dragons, les chapeaux et les coiffes, qui applaudissaient avant de lui jeter deux sous ?

Oh ! certes, Marielle de Noyal n'eût pu contempler sans émotion ce fier triomphe ! Marielle qui dédaignait, à ses heures, la richesse immense de M. de la Guerche, le

sang ducal coulant dans les veines de
d'Avaugour et la hautaine beauté de Lacuzan !

Marielle eût été domptée.

Pourquoi tardait-elle ? N'avaient-ils pas eu tout le temps de dîner les hôtes gourmands du marquis ? — Au risque de se rompre le cou, Pichenet tournait avidement ses regards vers la terrasse déserte. Il eût donné dix ans de sa vie pour que Marielle parût sur le perron ou seulement pour que Marielle montrât son radieux sourire à l'une des fenêtres ouvertes.

Mais Marielle ne vint point. Ce pauvre Pichenet n'avait pas de bonheur. Il manquait là l'occasion de supplanter du même coup La Guerche, Avaugour, Lacuzan et vingt autres qui ne savaient point danser sur la corde.

CHAPITRE IX.

Malbrouk s'en va-t-en guerre.

Voyez le malheur, quand Marielle vint, Pichenot avait fini; c'était sa dernière gambade. Il retombait sur le sol jonché de paille, pendant que le public faisait tonnerre à l'entour.

La Chaumel l'embrassa, toute fière, hélas ! puis elle étancha la sueur de son front.

— Pauvre enfant chéri ! murmurait-elle, enivrée par ces bravos qui se prolongeaient autour d'elle.

— Est-ce qu'il faudra payer quelque chose ? demanda dans son coin mademoiselle Guillemitte Barbedor, avec une certaine inquiétude.

Vivé, le cynique, répondit crûment :

— Pas vous... puisque c'est à la générosité d'un chacun.

Guillemitte ne comprit pas et dit :

— A la bonne heure !

Mais le beau petit Saturnin Mormichel comprit. Il avait du cœur et des ongles très noirs. On ne sait pas à quels excès ce marchand de tabac aurait pu se porter contre le fonctionnaire Vivé, s'il n'avait pas craint d'endommager son habit des dimanches.

Un second cri venait d'ailleurs de s'élever dans la foule, un cri suivi d'un grand silence.

La grosse caisse allait. Malbrouk était sur la corde.

Et Malbrouk ne cherchait pas la grâce, lui. Ce n'était pas un danseur pour rire, un saltimbanque à l'eau de rose.

C'était un gaillard, un casse-cou, un furieux.

Dès son premier saut, chapeaux, casques et coiffes s'agitèrent, comme les hautes branches des arbres au premier souffle de la tempête.

On allait en avoir pour son argent.

Au bout de trois minutes, la cohue trépignait d'enthousiasme.

Les demoiselles Trécoché répétaient ensemble avec émotion :

— Ah ! le bel homme ! le bel homme !

Et, circonstance singulière, de l'autre côté de la muraille, parmi cette autre foule illustre et vêtue de soie qui émaillait maintenant le jardin de Noyal, une douce voix faisait écho aux voix enrhumées de Bébelle, de Bobonne, de Fifine, de Moumoutte et de Nonotte.

Cette douce voix appartenait à Marielle de Noyal, qui venait de dire :

Cet homme est beau...

Elle avait dit cela tout bas et comme involontairement.

Son cavalier seul, qui était le chevalier d'Avaugour, cadet de Bretagne l'avait entendue.

Avaugour sourit et répliqua :

— Je voudrais être à la place de cet homme.

Ce qui fit rougir Marielle jusqu'au blanc de ses beaux yeux. Par le fait, elle disait vrai. Malbrouk était très-beau. Il y allait de si grand cœur! Depuis le matin, il avait goûté les louis de Lacuzan, au cabaret de la Croix-Rouge, dans la rue Hue.

Il était ivre à moitié, juste ce qu'il faut pour bondir comme un forcené.

Ses cheveux touffus et rudes, soulevés par le vent, tombaient sur son col nu; la corde gémissait sous son poids; les poteaux, balancés, criaient; — il allait toujours.

Et toujours plus fort! Si bien que la foule oscillait comme une folle qui se pâme, — si bien que les cinq Trécoché, enflammées, sautaient en se tenant par la main, sans crainte du scandale.

Guillemitte Barbedor avait honte d'être avec elles.

Madame veuve Nestor, sage-femme jurée, serrait convulsivement le bras du portier Vivé, lequel, homme d'à-propos et du mot pour rire, ne reculant jamais devant une spirituelle allusion, se mit à chanter à tue-tête :

Malbrouk s'en va-t-en guerre ;
Mironton ton ton
Mirontaine.

Malbrouk, au lieu de se fâcher, saisit la balle au bond et hurla :

— En avant la musique !

La grosse caisse prit le mouvement.

Et bientôt, la foule entière, soulevant

du pied la poudre du tertre, entonna la chanson avec ses mille voix.

Ce fut alors comme cet allegro bizarre et échevelé qui accompagne la finale d'une course au cirque olympique.

De même que l'écuyer, jetant sa cravache, pousse désordonnément son cheval avant de se coller à cru sur la croupe fumante; de même Malbrouk, pris de folie, jeta au loin son balancier et bondit à des hauteurs prodigieuses.

Marielle tremblait.

Sur les terrasses en amphithéâtre de l'hôtel de Noyal, tous les convives effrayés, retenaient leur souffle.

Blanche se serrait contre Lacuzon, qui regardait Marielle avec une pitié triste.

La foule aboyait.

Vivé se tordait de rire.

Guillemitte Barbedor, désespérant de trouver une occasion plus opportune, demandait au jeune Mormichel s'il comptait attendre la fin du monde pour connaître les douceurs du ménage...

Malbrouk était tombé une première fois.

Il s'était relevé.

Il était tombé encore.

Et tout sanglant cette fois, poussant jusqu'au délire son audace effroyable, il se jetait à corps perdu dans l'espace, tourbillonnant, roulant, écumant.

Il dansait avec ses bras, avec son flanc, avec sa tête.

Son corps rebondissait sur la corde comme une balle élastique sur le sol.

— En avant!.. en avant!.. disait-il toujours.

Ce fut la foule qui se fatigua la première.

Le chant de *Malbrouk s'en va-t-en-guerre* s'affaiblit, puis mourut.

Malbrouk roula épuisé sur le sable en disant :

— A ton tour, Pichenet!

Pichenet attendait ce moment avec impatience, car, maintenant, Marielle était là.

Pichenet avait vu les petites mains de Marielle se rapprocher comme malgré elle et applaudir aux exploits de Malbrouk.

Il en voulait autant. Il en voulait davantage. La gloire de Malbrouk l'offusquait.

La gloire et l'amour. Deux passions viriles pour ce cœur et cette tête d'enfant, c'était trop! Il se sentait plus ivre que s'il eût bu toute l'eau-de-vie qui était dans le grand corps de Malbrouk. Ivre de gloire, ivre d'amour !

Amour impossible : ce sont les bons. Gloire grotesque et misérable : il n'y en a pas !

Toutes les gloires sont splendides à l'heure délirante du triomphe.

Pichenet s'élança et saisit la corde sans toucher l'échelle.

Il y eût un murmure à son premier bond, qui dépassa d'un demi-pied le dernier bon dde Malbrouk.

— Tiens ! tiens ! se dirent les coiffes, le petit s'était gardé pour la fin !

Et la partie mâle de l'assemblée, savoir : les cinq demoiselles Trécoché, les dragons et les paysans se remirent à regarder de tous leurs yeux.

Marielle aussi regardait. — Pichenet pensait la voir sourire.

Ce n'était plus un danseur de corde. C'était un sylphe. Il avait des ailes.

Au premier rang des spectateurs, Marion Landais, la plus belle fille du Bourg-Lévêque, s'appuyait sur le bras d'un dragon galant et gradé.

Marion avait un gros bouquet de roses, présent du galant dragon.

Elle avait applaudi à Malbrouk, la superbe commère, et l'on avait vu sa *catiolle* (1) chargée de broderies onduler et agiter ses barbes de dentelles aux soubresauts fougueux de son admiration.

Quand Marion était contente, elle le faisait bien voir !

---

(1) Coiffe du pays de Rennes.

La danse de Pichenet lui plut tant, qu'elle lui lança son gros bouquet de roses, avec deux baisers très sonores.

Pichenet laissa passer les deux baisers et saisit au vol le gros bouquet de roses.

Le dragon galant et gradé se tordit la moustache d'un air assez redoutable, mais la belle Marion lui rit au nez rondement.

Quant au gros bouquet de roses, nous ne savons comment, au lieu de s'arrêter dans la main de Pichenet, il prit un élan nouveau, décrivit une courbe par dessus les têtes de la foule, franchit le mur de l'hôtel de Noyal, et s'en alla tomber aux pieds mignons de Marielle.

Ce fut au tour du dragon galant. Il eut un bon rire sous sa moustache, tandis que Marion se mordait la lèvre.

M. le chevalier d'Avaugour ramassa le bouquet, afin de l'offrir respectueusement à mademoiselle de Noyal.

Pichenet ne ralentissait point sa danse, mais il suivait la scène du coin de l'œil, et s'il ne se rompit point les os vingt fois, c'est qu'il y a un Dieu pour les bambins affolés comme pour les ivrognes.

Quelle joie, — et quel orgueil ! — quand les mains de Marielle s'arrondirent autour du bouquet de roses.

Pichenet eût embrassé Marion, pour le bonheur qu'elle lui donnait. Mais Marion l'aurait joliment reçu, maintenant !

— Avez-vous vu ! disaient les cinq Trécoché ; — à cet âge-là, ça sait déjà tirer son épingle du jeu !... Mademoiselle de Noyal va, bien sûr, lui envoyer un ou deux écus de six livres !

— Le bouquet de Marion a été pour Marielle! s'écriait le perruquier Soliman, père du jeune Félicien, et amateur de madrigaux, comme tous les artistes d'esprit.

Guillemitte Barbedor jugea le moment favorable pour dire à son Mormichel :

— Ah! Saturnin! vous ne me comprendrez jamais!

Aussi, pourquoi ce détestable petit homme ne voulait-il pas que mademoiselle Barbedor s'appelât madame Mormichel?

Nous allons vous le dire. Il y avait une ambition mystérieuse et démesurée sous l'habit étroit, vieux, mais propre de Saturnin.

Les cinq demoiselles Trécoché prenaient leur tabac chez lui, et il nourrissait l'espoir...

Insensé! Bébelle, Bobonne, Fifine, Moumoute et Nonotte n'auraient pas songé à lui, quand même il aurait eu cinq pouces de plus!

Vivé avait eu un succès avec son *Malbrouk s'en va-t-en guerre.*

Il voulut deux succès. Encore un ambitieux!

— Holà! bambin! s'écria-t-il en faisant sa grosse voix et en s'adressant à Pichenet; — il est défendu de rien jeter par dessus le mur de l'hôtel!

Vivé fut sifflé. On lui chanta pouille, comme on dit à Rennes, et quelques douzaines de troncs de choux tombèrent sur son vénérable front.

Et trois mille voix clamèrent:

— Bien ! Pichenet ! Hardi ! hardi, petit Pichenet !

Jugez si Pichenet avait besoin de cela. Il voyait Marielle soulever le bouquet en souriant et l'approcher lentement de ses narines. — Quand le bouquet toucha les narines de Marielle...

Ah ! pauvre, pauvre Pichenet !

Nous expliquerons le fait dans toute sa vérité, décemment et naïvement.

Nous avons connu des personnes du sexe assez abandonnées pour verser sur des bouquets de roses de l'eau de Cologne, ou même du vinaigre de Jean-Vincent Bully, seul breveté pour la toilette.

Nos lois pénales sont muettes à l'endroit de pareils forfaits !

Une législation juste et modérée condamnerait ces vicieuses créatures à être noyées dans un tonneau de bergamotte.

Quoi qu'il en soit, cette monstruosité une fois admise, il faut en revenir à l'axiôme : des goûts et des couleurs, etc.

La belle Marion Landais n'était pas du tout à l'abri d'un verre d'eau-de-vie.

Elle aimait l'eau-de-vie et les roses.

Et par une confusion impie, quand elle avait bu *la goutte* avec un dragon (car elle aimait aussi les dragons) pour ajouter au parfum des roses, elle aspergeait son bouquet d'eau-de-vie.

Si ces détails révoltants n'étaient pas absolument nécessaires à notre histoire, croyez que nous les eussions couverts d'un voile impénétrable.

Jeter de l'eau-de-vie, cette chose hideusement délétère, sur le plus cher délice de la nature, sur des roses ! Cela dénote une perversité si profonde que l'esprit se détourne de cette froide honte, de cette insulte ignoble, de ce meurtre aggravé de profanation !

Mais la belle Marion n'était heureuse que quand elle avait un dragon sous le bras et des roses à l'eau-de-vie dans son giron.

Nous n'y pouvons rien.

Seulement, figurez-vous Marielle, — mademoiselle de Noyal ! — Marielle sans défiance, approchant tout à coup de ses narines délicates cette impureté sans nom !

Elle faillit tomber à la renverse, foudroyée par le parfum de cabaret qui lui monta brusquement au cerveau.

Un petit cri d'indignation jaillit de ses lèvres. — Elle jeta le bouquet loin d'elle avec dégoût.

Marion éclata de rire. Elle était vengée.

Hélas! trop vengée!

Car le pauvre Pichenet, frappé en plein cœur, perdit pied et se laissa choir, foudroyé, sur le sable.

La foule s'agita en grondant, pleine d'émotions et de craintes.

Guillemitte Barbedor seule, avec ce haut sang froid d'une fille âgée qui a le mariage en tête, trouva le courage de dire au fâcheux Mormichel :

—Occasion perdue ne se retrouve pas... Saturnin, réfléchissez!

Mormichel regarda les cinq Trécoché qui regardaient cinq beaux hommes.

———

La Chaumel était à genoux devant son

fils qui tournait encore ses yeux mourants vers l'hôtel de Noyal.

Malbrouk avait regagné la cabane où il buvait pour se donner du cœur.

La foule témoignait sa sympathie du mieux qu'elle pouvait. Les gros sous pleuvaient. Marion donna un petit écu.

Guillemitte Barbedor, il est vrai, ne donna rien, mais elle pensa :

— Si je pouvais emporter tout ce qu'on lui jette à ce petit effronté, ça ferait grand bien à mon commerce.

Et pour quelques dents absentes, pas plus de trente-deux, assurément, le pitoyable Saturnin dédaignait ce trésor de prudence et d'économie !

Marielle prit dans une petite bourse qui était un bijou adorable, un louis d'or tout neuf.

— Tenez, dit-elle à M. le chevalier d'Avaugour, — je vous prie de jeter ceci au pauvre enfant pour son bouquet.

— Aussi bonne que belle!.. murmura le chevalier attendri.

Il regarda un instant le louis d'or.

— Il n'est plus à vous, prononça-t-il tout bas; — il est à l'enfant. Mais je n'ose le lui acheter sans votre permission.

— L'acheter!... répéta Marielle étonnée.

— Cette permission, me la refusez-vous?

Marielle pensa que le mieux était de sourire.

— Combien? dit-elle.

— Il y a mille livres dans cette bourse, répliqua M. le chevalier d'Avaugour.

Marielle rougit.

Le chevalier mit le louis d'or dans son sein et lança les mille livres par dessus le mur.

La foule battit des mains avec transport. La foule aimera toujours la noble générosité.

A ce moment, Lacuzan quitta Blanche et vint au chevalier d'Avaugour.

Il lui donna la main et l'attira un peu à l'écart.

— Mille louis pour vos mille livres! lui dit-il tout bas.

— Je sais que vous êtes plus riche que moi, Lacuzan, répliqua le cadet de Bretagne en riant; — mais, dans notre maison, nul n'a fait jusqu'ici le négoce.

— Vous ne voulez pas me céder ce louis d'or ?

— Vous me donneriez votre beau château du Grail avec son parc et ses futaies...

— Je m'attendais à cela, interrompit Lacuzan ; — c'est donc une affaire à régler autrement.

— A votre aise, monsieur le comte.

Ils se donnèrent une seconde fois la main, et de si grand cœur que Marielle, inquiète, retrouva son sourire. — Blanche, au contraire, les regarda l'un après l'autre et fronça ses jolis sourcils bruns.

Mais ce fut la conduite du petit Pichenet que personne ne put expliquer.

Marion avait vidé la bourse sur le sable et s'était écriée, aux longs applaudissements de l'assemblée :

— Mille livres !

Une fortune pour cet enfant !

Jour de Dieu ! Guillemitte Barbedor en grinçait des gencives.

Les pièces d'or étaient étalées devant Pichenet. Savez-vous ce qu'il fit !

Il se leva, repoussa du pied les pièces d'or, et s'enfuit dans la cabane.

Sa mère le suivit, laissant la cohue stupéfaite.

Dans la cabane, Malbrouk, la bouteille à la main, chantonnait sourdement. Il était ivre, mais son ivresse n'était point celle des autres jours.

Sa face avait des taches d'un vert livide et ses yeux creux lançaient de sinistres regards.

Est-ce à mon tour de danser? dit-il; — oh! oh! la journée sera bonne!

Pichenet s'assit sur un banc sans répondre.

Le regard effrayé de la Chaumel allait de son mari à son fils.

On eût dit qu'elle devinait l'approche de quelque terrible événement. Tout son pauvre corps tremblait. — Et il y avait là, dans cette misérable loge, entre ces trois personnages vêtus encore de leurs haillons pailletés, je ne sais quelle lugubre menace.

Malbrouk mit le goulot de la bouteille dans sa bouche. Il riait un rire idiot.

Cependant la partie turbulente de la foule, trouvant que la représentation n'avait pas bien fini, commençait à faire du bruit au dehors.

Quelques voix prononçaient le nom de Pichenet. Pichenet avait sa tête entre ses mains et ne bougeait pas.

La porte était fermée en dedans.

Malbrouk prêta l'oreille.

— C'est toi qu'ils demandent, dit-il à Pichenet; — Vas-y!

Pichenet ne répondit point encore.

Les cris grossissaient. La Chaumel joignit ses mains tremblantes.

Malbrouk prit une houssine et vint en chancelant vers l'enfant.

— Eh bien! dit-il en levant la houssine, m'entends-tu?

Pichenet se redressa tout droit. Il y avait sur son visage une expression de colère sombre et désespérée. Sa mère ne l'avait jamais vu ainsi.

Il regarda Malbrouk en face.

— Croyez-moi, murmura-t-il; — ne me frappez pas aujourd'hui!

C'était, en vérité, une menace.

Malbrouk se mit à rire. La houssine

siffla et traça une ligne bleuâtre sur la joue pâle de l'enfant.

Pichenet plia les jarrets, bondit et saisit Malbrouk à la gorge.

La Chaumel s'élança pour le protéger dans cette lutte inégale.

Mais, ce ne fut pas Pichenet qui tomba.

La fièvre donne parfois au bras le plus débile une force inconcevable.

Pichenet venait de s'éveiller de ce rêve malade et fou, qui le transportait depuis quelques semaines. Pichenet avait entrevu tout-à-l'heure le fond de sa misère.

A cette heure de navrante désillusion, il était homme.

Plutôt que de remonter sur la corde, il eût subi mille morts.

Et pendant que sa tête s'éclairait, pendant que de mâles remords lui serraient le cœur, il lui venait aux membres cette vigueur factice et passagère, mais irrésistible des heures de crise.

Pichenet ne lutta qu'un instant contre Malbrouk.

Malbrouk poussa un cri sourd, et tomba inanimé sur le sol.

Pichenet recula, épouvanté de ce qu'il avait fait.

— Oh! malheureux! malheureux! tu l'as tué! s'écria la Chaumel.

Elle regardait avec horreur la face plombée de Malbrouk, et ses yeux morts qui semblaient sortis de sa tête.

— Je l'ai tué, répéta Pichenet, sans savoir.

La Chaumel ouvrit la porte de derrière et le poussa dehors.

— Fuis !... murmura-t-elle ; — va-t-en !... cache-toi bien !

Pichenet obéit machinalement. — Il longea les murs de l'abbaye et disparut.

La Chaumel se couvrit le visage de ses mains et s'accroupit auprès de Malbrouk qui ne bougeait plus.

— Ils vont venir le chercher, pensait-elle ; mon homme est mort... on va me prendre mon fils !...

Sa tête s'égarait.

Sur le tertre, la foule ne savait rien de ce qui s'était passé derrière la porte fermée de la pauvre cabane. La foule demandait toujours Pichenet.

Les hôtes de M. le marquis de Noyal ne s'occupaient plus du dehors et dansaient dans le salon de verdure.

Blanche toute seule s'était échappée.

Elle avait refusé la main d'Albert de Coëtlogon avec un bien gros soupir. Albert dansait si bien, et Blanche aimait tant à danser avec Albert !

Elle avait gagné son petit observatoire, et là, plus élevée que la foule, elle avait pu voir Pichenet sortir par la porte de derrière et se glisser le long des murs de l'abbaye.

Comme il était changé !

Blanche ne se demandait point le motif de sa peine, car elle avait vu Marielle jeter le bouquet de roses.

Mais où allait-il ?

Blanche pensa : Je le dirai à Lacuzan. Lacuzan le retrouvera bien !

Au-dessous d'elle, la foule murmurait et riait.

On voulait Pichenet, mort ou vif.

— Ça ! dit la belle Marion Landais, enfonçons la porte, nous la paierons après.

L'idée plut à tout le monde, excepté à mademoiselle Guillemitte Barbedor, qui entraîna son Mormichel, pour n'être pas exposée à payer sa part de la porte.

Marion, la vaillante, donna un premier coup de pied.

La pauvre Chaumel joignit ses mains glacées.

Elle croyait qu'on venait chercher son fils assassin...

Au second coup de pied, les ais vermoulus crièrent. — Au troisième, la porte tomba en dedans.

La foule joyeuse se précipita en avant.

Mais les premiers qui pénétrèrent dans la cabane poussèrent un grand cri d'horreur, à la vue de Malbrouk, étendu sur le sol.

Ils reculèrent d'un commun mouvement.

Car presque tout le monde, à Rennes, connaissait les symptômes de l'épidémie. Un mot terrible avait été prononcé par ceux qui étaient entrés dans la loge.

Le silence se fit, un silence de mort.

Le tertre se vida. Ce fut une déroute.

Deux minutes après, il ne restait pas une âme entre l'hôtel de Noyal, tout plein encore des bruits joyeux de la fête, et la triste cabane où Malbrouk agonisant râlait.

Ce n'était pas Pichenet qui avait terrassé Malbrouk, c'était le MAL D'ENFER.

CHAPITRE X.

Les pressentiments.

Un mois s'était écoulé depuis la fête de l'hôtel de Noyal. Rennes était devenu une ville déserte. On eût dit que l'ennemi conquérant avait passé par là.

Le pavé pointu de ses rues, qui naguère sonnait sous le fer des chevaux et sous la botte éperonnée des gentilshommes, laissait croître l'herbe triste, qui parle de solitude et d'abandon.

Les hôtels nobles avaient fermé leurs contrevents de chêne épais; les maisons bourgeoises elles-mêmes s'étaient barricadées.

Plus d'étudiants chanteurs et batailleurs sur la place du Palais, plus de tripots dans la rue d'Antrain, plus de folles danses dans le faubourg l'Evêque.

Marion, la belle fille, était morte du Mal d'Enfer.

Son dragon galant et gradé était mort.

Morts tous les deux, défigurés, le visage noir et rouge, l'écume à la bouche et les membres tordus.

Le Mal d'Enfer était à Rennes.

Et Rennes s'était enfui, tout pâle et tout éperdu, devant le Mal d'Enfer.

Les jolies filles, les étudiants, les gentilshommes, — les rubans roses et les feutres rabattus, — les vieux membres du parlement, les cheveux gris, les moustaches retroussées :

Disparus, évanouis.

Jusqu'aux gencives de Guillemette Barbedor !

Et certes, la brave fille avait tort. À supposer que le Mal d'Enfer se fût trouvé sur son passage, le Mal d'Enfer aurait eu peur.

Badabrux, célibataire, les cinq demoiselles Trécoché, Saturnin Mormichel, Vivé, madame veuve Nestor, tout ce monde joli, toute cette agréable société aux mœurs si chères, était parti ou partie.

Rennes était je ne sais où, mais certes, il n'était plus dans Rennes.

Quand Rennes est dans Rennes, l'atmosphère cancanne, la nature parle du nez, et les rossignols eux-mêmes y empruntent la voix mâle du canard.

Eh bien ! chose fatale ! vous eussiez pu vous promener tout un jour par la ville, sans ouïr ces accents indigènes, si doux à ceux qui connurent dès l'enfance la joie des rhumes de cerveau !

Rennes était donc mort, qu'il n'éternuait plus !

———

Les cloches seules parlaient, hélas ! car le prêtre resta le dernier à son poste de bataille. Que lui importe de mourir ici ou là, aujourd'hui ou demain ?

Dieu est partout.

Dieu est toujours.

Les prêtres chantaient et priaient dans le chœur des églises désertes.

Ils restaient; les pauvres aussi.

Les prêtres aidaient les pauvres à vivre et à mourir.

———

A de longs intervalles, dans les rues solitaires, un carrosse passait au galop effrayé de ses chevaux.

A travers les glaces fermées, on pouvait voir quelque femme pâle, son flacon aux narines, le corps tremblant, l'œil épouvanté.

Tout à coup elle se rejetait, cette femme qui fuyait, au fond de son carrosse et couvrait son visage de ses mains blêmies.

Elle avait entendu la crécelle sinistre; elle avait aperçu, au détour de la voie, un de ces fantômes maigres, qui allaient, un masque noir au front, et qui disaient, sur un mode lent et lugubre :

— Chrétiens, n'approchez pas ! craignez le Mal d'Enfer !

Cette femme, si elle était bonne, domptait sa terreur et jetait sa bourse par la portière entr'ouverte.

Le fantôme passait auprès de la bourse et ne la ramassait pas.

Au détour de la voie, encore, la fugitive tressaillait et sentait son cœur manquer dans sa poitrine.

Car la charrette des morts roulait toute pleine.

Un prêtre devant, le missel ouvert, la tête nue.

Point de parents autour, point d'amis.

Rien que les morts et le prêtre.

Les chevaux précipitaient leur course. La fugitive balbutiait, si elle était chrétienne, les versets du *De Profundis*.

La charrette des morts, elle, ne se pressait pas. Le prêtre chantait d'une voix grave et tranquille.

Il allait, soutenu par cette souveraine vaillance des humbles et des justes.

Lui, le prêtre, seul vivant sur cette voie désertée, disait les louanges du Dieu miséricordieux.

Il y avait un homme pourtant qui faisait comme les prêtres et qui ne craignait pas d'entrer, les mains et le visage nus, dans les maisons maudites.

Cet homme était le sorcier Lacuzan.

Il avait cantonné ses dragons hors de la ville aux premières atteintes du mal; mais il restait, lui, ou plutôt, il vivait comme autrefois, chevauchant toujours de son château à son hôtel, et de son hôtel à son château.

De son château, qui était un refuge pour les pauvres sabotiers de la forêt de Rennes, à son hôtel qui était l'hôpital des pauvres ouvriers de la ville.

Ce sorcier Lacuzan ! un colonel de dragons ! — De quoi se mêlait-il puisque les philosophes et les philanthropes étaient en fuite ?

Les tendres amis du peuple commençaient à pulluler au milieu du XVIII° siècle. De quoi se mêlait ce gentilhomme, puisque les tendres amis du peuple s'étaient mis en lieu sûr ?

Eh quoi ! au temps où l'*Encyclopédie* allait paraître, rien qu'une épée et des surplis parmi ce peuple désolé !

Les vrais amis du peuple, — ceux qui se sauvent à l'heure des calamités, — n'eurent-ils pas bien raison, quelques années plus tard, de briser cette épée et de noyer ces surplis ?

Et cet aimable M. de Voltaire, ce bel esprit, ce gentilhomme de plume, ne remplissait-il pas dès-lors un devoir sacré en s'écriant : *Détruisons l'infâme !*

Démolissons l'autel ! le dernier refuge, le suprême asile !

Brisons le crucifix, le souverain espoir !

Soyons hommes et philosophes ! Pleurons sur Calas ! Soyons frères, à condition que Ferney ne soit pas fraternellement partagé. Et surtout, détruisons *l'infâme !*

Absurde Lacuzan ! qui donnait la main aux pestiférés, au lieu de larmoyer sur les Indiens esclaves et sur les orphelins chinois!

Louzun idiot qui allait à la messe et laissait vivre l'infâme!

Comme de raison, le vide de la cité emplissait les châteaux.

Celui de M. le marquis de Noyal, situé à deux lieues de Rennes, sur la route de Paris, regorgeait d'hôtes nobles. Nous y eussions retrouvé presque tous les convives de la fête de clôture des États.

M. le marquis était un trop digne homme pour se réjouir devant le malheur public; d'ailleurs, il faut bien l'avouer, M. le marquis craignait horriblement l'épidémie.

Le célibataire Badabrux, cet affligeant coryphée de la tragédie, était entré fort avant dans les bonnes grâces du marquis en lui répétant une fois le matin, une fois à midi et une fois le soir, que le Mal d'Enfer ne s'attaquait qu'aux petites gens.

On vivait donc fort tranquillement au château, sans bals ni grands repas, sans chasses somptueuses, sans fêtes de nulle sorte, quoique le bourg de Noyal et les environs n'eussent présenté jusqu'alors aucun cas de la maladie redoutée.

Blanche était ce que nous l'avons vue naguère, vive et bonne, le plus excellent petit cœur du monde, spirituelle à sa façon, jurant toujours par Lacuzan, mais regardant toujours en-dessous le bel Albert de Coëtlogon, qui avait ses dix-huit ans faits depuis deux semaines.

Il n'était plus question de Pichenet.

Pichenet avait disparu pour tout de bon. Il n'était point rentré chez Malbrouk.

Mais Blanche savait mieux que personne ce que Pichenet était devenu.

Blanche et Lacuzan, ces éternels complices !

Quant à Marielle de Noyal, elle était bien changée.

Sa beauté merveilleuse n'avait point diminué, mais une expression de mélancolie profonde était maintenant à demeure sur son charmant visage. Le regard de ses grands yeux noirs errait souvent, pensif, dans le vague. Il y avait un cercle sombre sous sa paupière, et son front s'inclinait, chargé de rêverie.

Qu'il est délicieux, d'ordinaire, ce premier souci ! Et que la première pâleur est charmante !

Le marbre qui s'anime ! Galathée qui, tout à coup, respire !

La vierge qui s'écoute elle-même, qui regarde, étonnée, son cœur changé, qui se demande où va le soupir inconnu.

Ce réveil, ou plutôt cette seconde naissance, qu'elle est délicieuse!

Amant ou mère, comme vous l'avez chérie, n'est-ce pas, cette heure unique, cette heure choisie où la jeune fille dépouille le dernier lange de l'enfant, et s'arrête, troublée, inquiète, frémissante, au seuil de sa vie de femme!

Marielle avait bien tardé à jeter ce dernier lange.

Elle était restée longtemps statue.

Le souffle vivifiant l'avait-il touchée?

L'âme s'éveillait-elle dans ce miracle de beauté?

Il y avait, parmi ceux qui l'entouraient,

deux prétendants qui semblaient sortir de la foule des adorateurs vulgaires.

Deux nobles jeunes gens : Avaugour, le descendant de Bretagne, et Lacuzan, le superbe soldat.

Blanche qui n'avait pas besoin de s'éveiller, puisqu'elle n'avait jamais dormi ; Blanche qui n'attendait pas Pygmalion, l'espiègle et la vivante, Blanche était bien occupée de cela.

Depuis que sa sœur était triste, Blanche l'environnait d'amour et de caresses.

Car elle l'aimait de tout son cœur, et Marielle lui rendait la pareille.

L'opposition bizarre et absolue de leurs natures laissait intacte leur bonne et douce tendresse.

Blanche guettait. Notez qu'elle était bien habile, malgré son innocence aussi vraie, aussi pure, aussi sereine que l'innocence d'un ange.

Elle cherchait à savoir. Elle espionnait dans l'intérêt de Lacuzan, son patron.

Ne croyez pas qu'elle eût jamais dit un mot de Lacuzan à Marielle. Elle n'était imprudente que pour son propre compte. Lacuzan lui avait défendu de parler : elle était muette.

Vers qui penchait cependant le cœur de Marielle ? L'heureux entre tous serait-il M. le chevalier d'Avaugour ou M. le comte de Lacuzan ?

Ils étaient beaux tous les deux, presque du même âge. Avaugour était brillant au possible, malgré le pauvre état de son héritage ducal ; Lacuzan, nous le connaissons.

Parfois, Marielle de Noyal avait paru

favorable au chevalier, surtout depuis que Lacuzan l'avait blessé en duel.

D'ailleurs M. le marquis de Noyal disait tout haut que Lacuzan attendait les seize ans de Blanche.

———

Croyez-vous aux pressentiments ?

Je sais, moi, qu'il y a dans l'air un souffle funeste à la veille d'un grand malheur.

Je l'ai senti sur mon front, il a glacé mon cœur.

Je sais aussi que toute créature humaine, prédestinée à quelque profonde douleur, s'occupe à l'avance de cette douleur, l'étudie, en quelque sorte, alors que cette douleur lui est encore étrangère, — la cherche, par un instinct fatal, et trouve un étrange plaisir à ramener l'entretien au même sujet.

Pauvre Jane! — Jane était une petite lady de vingt ans, mariée à lord H....., l'homme qu'elle aimait, et déjà mère d'un ange qui la rendait folle.

Moi, j'étais comme le frère de Jane.

Lord H... l'avait épousée à Paris. Il n'y a pas bien longtemps de cela.

Jane était gaie. Jamais je ne vis femme savourer si passionnément son bonheur.

C'était chez elle une joie si belle que tout le monde était joyeux rien qu'à la voir.

Mais il y avait une chose bizarre. Jane parlait souvent de noyés.

De noyés! Jane! Pourquoi?

Une fois, elle me dit :

— Edward ne veut pas me conduire à la Morgue...

Lady Jane ! à la Morgue ! quelle horreur !

Edward, son mari, ne voulait pas la conduire à la Morgue !

Je crois bien !

Elle ajouta :

— Si vous ne voulez pas m'y accompagner, j'irai seule.

Comme je restais ébahi devant cette déclaration, Jane dit encore :

— Ecoutez.... j'en deviendrai folle !

. . . .

Il y avait un mort sur une table inclinée, à la Morgue.

Lady Jane le regarda.

Je sentais son corps frémir.

— Il ressemble à Edward... me dit-elle...

Elle s'évanouit en remontant dans sa voiture.

. . . .

Un soir, à Richmund, nous étions tous les trois dans le yacht de lord H...

Jane regardait l'eau de la Tamise.

— Souffre-t-on là-dessous? dit-elle.

— Oh! s'écria-t-elle sans attendre la réponse; — j'ai vu lady S... avec ses habits de deuil... Ceux qui ont inventé cela, LE DEUIL (et je ne saurais dire le dédain sévère qu'il y avait dans l'expression de sa voix), n'avaient donc pas de cœur !... Moi, je ne vivrais pas une heure dans une robe de deuil... Avoir sur soi, au-dessus du front qu'il baisait, autour de la taille qu'il prenait dans ses deux mains, cette étoffe noire qui vous répète odieusement et toujours : il est mort! il est mort!... Je vous le dis, moi, le deuil est la plus brutale de toutes les impiétés... Celles qui portent le deuil crient par les rues qu'elles n'aimaient pas... Elles insultent à la tombe fermée... Elles écrivent sur leur propre dos : Je suis libre, si elles sont veuves... J'ai fait un héritage, si elles sont orphelines... C'est affreux ! c'est affreux !

Lord H... souriait. — C'était tout bonnement pour lui de l'*eccentricity*.

Moi, je songeais involontairement à l'homme livide, couché sur le marbre incliné !

Ce que je raconte ici, je l'ai vu.

Au mois de juillet 1847, on rapporta le corps de lord Edward H... à son hôtel de Pimlico... Il s'était noyé dans la Tamise au-dessous de Richmund.

Jane était à faire des visites. — Quand

elle rentra, Edward se trouvait étendu sur le tapis du salon.

Il n'y avait ni médecin ni ministre.

Les doigts convulsifs de Jane entrèrent dans mon bras.

— Comme l'autre !... comme l'autre !... murmura-t-elle.

Je compris bien de qui elle voulait parler.

Pendant les huit jours qui suivirent, elle n'ouvrit pas la bouche.

Quand on lui apporta sa robe de veuve, elle me regarda. — Je vois encore son regard.

Elle envoya chercher son fils et le baisa sans pleurer.

Puis elle essaya son vêtement de deuil.

Pendant qu'on lui agrafait sa robe, lady Jane mourut d'un épanchement au cœur.

Elle avait dit à bord de son yacht :

—Moi, je ne vivrais pas une heure dans une robe de deuil...

———

Je crois aux pressentiments.

J'y crois comme au malheur même de cette vie humaine; — comme à la félicité des justes dans une autre vie...

Marielle parlait souvent du Mal d'Enfer.

Elle en parlait avec ces précautions sournoises des gens qui ont une idée fixe.

Car le sujet de conversation qu'on veut appeler, on ne le jette pas brusquement sur le tapis, on le provoque, — et quand on est femme, on fait cela si adroitement que personne ne voit le désir qui travaille, ni la fantaisie satisfaite.

Ce qui occupait Marielle, dans le Mal d'Enfer, ce n'était pas le mal qui tue; c'était le mal qui défigure.

La tradition rapporte, en effet, et nous devons l'avoir dit déjà, que les rares patients échappés à la terrible épidémie restaient hideusement stigmatisés.

Marielle se faisait dire et répéter cent fois les détails de ce ravage.

Elle savait par cœur comment la belle Marion du bourg l'Evêque était morte, livide, avec les yeux sanglants.

Marielle, la jeune fille souverainement élégante et délicate savait cela et d'autres choses plus intimes encore, c'est-à-dire plus horribles !

Des choses rebutantes à ce point que notre plume refuse de les écrire !

Marielle les savait. Pour les savoir, elle avait fait des efforts qui l'eussent assurément fatiguée et vaincue s'il se fut agi de contenter une fantaisie heureuse.

Elle savait tout.

Puis les récits de Badabrux et autres oiseaux de tragique augure, tout effrayants qu'ils étaient, ne suffirent plus à son lugubre caprice.

Elle voulut voir.

Mais comment?

Le château du marquis était situé au-dessus du bourg de Noyal, qui est à deux grandes lieues de Rennes.

Si le marquis eût soupçonné le désir de sa fille, il l'eût enfermée avec la camisole de force.

Marielle monta un matin dans la chambrette de Blanche.

Elle parla fleurs, dentelles, chiffons, enfin le nécessaire, puis elle dit :

— Tu écris quelquefois à M. de Lacuzan?

— Tous les jours, répondit Blanche.

— J'aurais besoin de lui parler...

Marielle prononça ces derniers mots avec embarras.

Blanche la regardait toute joyeuse en disant :

— Il sera ici dans quelques heures...

— Oh! ce n'est pas bien pressé... voulut interrompre Marielle.

Mais la plume de Blanche courait déjà sur le papier.

Elle écrivait, la folle :

« Mon bon ami,

« Quelqu'un que tu aimes encore plus que moi a besoin de toi... »

Marielle regardait par dessus le dos de la chaise.

Elle prit le papier et le déchira.

—Pas comme cela ! dit-elle.

Blanche prit une autre feuille et recommença :

« Mon bon ami,

» Ma sœur Marielle a envie... »

Pas comme cela ! interrompit encore mademoiselle de Noyal.

— Alors, dicte toi-même.

Marielle rougit, mais elle dicta.

— « Mon bon ami...

— Puisque tu l'appelles ainsi, s'interrompit-elle.

— Après ? dit Blanche.

— « Mon bon ami...

— C'est écrit... Faut-il le mettre deux fois ?

—Tu es méchante !... « Mon bon ami... »

Allons ! je vais le mettre trois fois.

— « Il y a bien longtemps que nous ne vous avons vu au château... »

— Au château, répéta Blanche ; — c'est écrit.

— » Et mon père désire...

Blanche poussa un éclat de rire retentissant.

Marielle s'arrêta, interdite.

— Ne te fâche pas, sœur ! dit Blanche repentante, — « ... et mon père désire... »

— Non ! s'écria Marielle qui avait envie de pleurer, — c'est inutile ; je ne veux plus parler à M. de Lacuzan.

Blanche se leva et lui sauta au cou.

— Vois-tu, reprit-elle avec sa charmante pétulance, — il n'y a pas besoin de tout cela.

Elle se rassit et traça en trois coups de plume :

« Viens donc nous voir aujourd'hui.

» BLANCHE. »

Et elle mit l'adresse :

« A Monsieur le comte de Lacuzan, à son château du Grail. »

Marielle retrouva son sourire.

— C'est cela, murmura-t-elle ;— merci, Blanche... Mais, crois-tu qu'il viendra ?

— J'en suis sûre, répondit Blanche, avec un ton plein de fatuité.

Marielle l'embrassa et descendit au jardin.

La lettre partit, emportée à franc étrier par le courrier de Noyal. Le château de Lacuzan n'était qu'à une heure de marche.

Toute cette journée, Marielle fut pensive et triste plus que de coutume. M. le chevalier d'Avaugour chercha en vain son sourire. Chaque fois que Marielle entendait la cloche de la grand'porte qui annonçait un visiteur, elle tressaillait.

On eût dit qu'elle avait peur, après avoir tant désiré.

Le visiteur entrait. Ce n'était pas Lacuzan. Marielle respirait. — Puis elle se reprenait à compter les minutes.

Elle attendait.

Quand elle reconnut enfin, de loin, dans l'avenue, le galop du cheval de Lacuzan, elle se laissa tomber sur un banc de gazon et appuya ses belles mains contre son cœur défaillant.

— Il le faut... murmura-t-elle, — hélas! je le veux!

Comme lady Jane, comme tous ceux qui entendent vaguement la menace de l'avenir.

CHAPITRE XI.

Comment Lacuzan savait aimer.

Le soleil se cachait déjà derrière les vieux hêtres du parc de Noyal. Le vent se taisait dans le feuillage immobile. A perte de vue, on pouvait suivre les grandes allées désertes.

Le comte Henri de Lacuzan et mademoiselle de Noyal se promenaient sous la haute voûte de bordure.

C'était la première fois que mademoiselle de Noyal se trouvait seule avec Lacuzan ; celui-ci était, ma foi, tout tremblant et ne savait que dire. Ce n'était pas un don Juan que ce brave et beau soldat ; mais don Juan lui-même deviendrait muet comme un collégien s'il pouvait être amoureux une bonne fois en sa vie.

Blanche les avait conduits tous les deux dans une allée du parc, puis elle s'était enfuie, les laissant seuls tous deux.

— Monsieur le comte, dit Marielle que sa fantaisie faisait vaillante et qui rompit le silence la première, — c'est moi qui ai prié Blanche de vous écrire.

Lacuzan ne répondit pas : — Est-il possible !

Si Lacuzan eût répondu : — Est-il possible ! — ma foi, nous l'abandonnerions à son malheureux sort.

Lacuzan ne répondit rien.

Nous lui en témoignons ici publiquement notre satisfaction.

Car beaucoup de gens d'esprit eussent laissé échapper cette mortelle sottise : Est-il possible !

Et nous vous le déclarons : si nous étions femme et qu'un homme nous répliquât, en pareille occasion, par cette ânerie : Est-il possible ! nous irions incontinent chercher une dague andalouse, dans n'importe quel roman, et nous lui passerions le roman avec la dague au travers du corps.

Pour l'exemple.

J'ai prié Blanche de vous écrire, poursuivit Marielle, — parce que j'avais un service à vous demander.

Croyez bien que si mademoiselle de Noyal pouvait prononcer cette phrase sans balbutier ni trop rougir, c'est que Lacuzan s'était abstenu de l'impertinent : Est-il possible !

Lacuzan s'inclina.

— Mademoiselle de Noyal ne doute pas que je sois tout à son service, répliqua-t-il sans empressement mal avisé.

Marielle trouva que M. de Lacuzan était un parfait gentilhomme.

Les femmes comme il faut ressemblent à M. de Talleyrand. Elles n'aiment pas le zèle.

Si vous voulez bien ordonner... dit encore Lacuzan.

Marielle hésita.

Ce n'était pas la faute de Lacuzan.

— Monsieur le comte, reprit-elle enfin, je n'essaie pas d'excuser auprès de vous ma démarche... je monte bien à cheval... j'ai confiance en vous... Il faut que vous m'accompagniez à Rennes cette nuit.

Lacuzan ne broncha pas.

Marielle l'eût embrassé en ce moment pour ce calme généreux et remarquablement spirituel.

Lacuzan répondit :

— Je vous accompagnerai, mademoiselle.

— Vous ferez plus... reprit encore Marielle ; vous me conduirez auprès d'un de ces malades...

— Quels malades ?... demanda le comte.

— Vous savez de quoi je veux parler, répliqua la jeune fille.

Cette fois, Lacuzan changea de visage.

— Le Mal d'Enfer est contagieux, objecta-t-il.

Marielle fronça le sourcil.

— Vous bravez cette contagion tous les jours, dit-elle.

— Moi... murmura Lacuzan, dont la voix prit malgré lui une inflexion de tendresse; mais vous...

Marielle fut vaguement émue.

— Merci, dit-elle, sans savoir qu'elle parlait.

Lacuzan hésitait encore.

— Vous vous intéressez à quelqu'un de ces malheureux ?... prononça-t-il timidement.

— Non, répliqua Marielle.

— Alors, pourquoi ?...

Marielle détourna la tête.

— Je vous supplie de réfléchir... voulut insister le comte Henri.

Mais Marielle redressa sa taille enchanteresse et dit :

— Monsieur de Lacuzan... je le veux !

Lacuzan la couvrit d'un regard où il y avait tant de mélancolie et tant d'amour que Marielle baissa les yeux de nouveau.

— Vous êtes reine, mademoiselle, murmura-t-il — autour de vous il n'y a qu'adorations empressées... Personne ne vous a jamais désobéi... Mais, à part même le danger qu'il vous plaît de courir, savez-vous quelle impression douloureuse vous voulez affronter, quelle horreur inconnue ?...

Marielle fit un geste d'impatience.

Lacuzan lui prit la main pour implorer encore peut-être ; Marielle ne la retira pas, mais elle répéta d'un accent froid et impérieux :

— Je le veux !

Lacuzan s'inclina jusque sur sa main, qu'il effleura de ses lèvres.

— Que votre volonté soit faite, mademoiselle, dit-il — je ne sais pas aimer autrement qu'en esclave.

Marielle tressaillit. C'était la première fois que le comte Henri lui avouait formellement son amour. — Des pas retentirent sur le sable des allées; on entendait des voix lointaines qui babillaient joyeusement.

Marielle répondit à l'aveu de Lacuzan par le plus beau de ses sourires.

Puis elle disparut au détour d'une allée en lui jetant ces mots :

— Ce soir, à dix heures, ici !

Toute cette soirée, Lacuzan fut triste et comme absorbé.

Blanche, elle-même, ne put tirer de lui une parole.

Marielle, au contraire, montra une gaîté tout à fait inusitée. Elle riait à tout propos, et souvent même sans qu'il y eût le moindre prétexte à rire.

Badabrux, qui s'y connaissait, prétendit que ce jour-là elle avait le rire tragique. Un vilain rire.

Voulant voir jusqu'où pouvait aller sa préoccupation, ce Badabrux curieux se glissa derrière, et lui récita deux cents vers de *La Henriade*, sans qu'elle donnât le moindre signe de souffrance.

— D'où me vient aujourd'hui ce noir pressentiment? — se dit Badabrux — l'insensibilité de cette jeune fille n'est pas naturelle!...

Les vicomtesses dévoraient Marielle du regard. Elles flairaient je ne sais quelle bonne odeur de catastrophe.

A neuf heures, Marielle quitta le salon sous prétexte de migraine.

A dix heures, Lacuzan l'attendait avec deux chevaux dans l'allée du parc.

A travers les arbres, il pouvait voir encore quelques lumières aux fenêtres du château.

Une de ces lumières s'éteignit; un pas léger se fit entendre sur le gazon déjà humide.

Lacuzan mit un genou en terre. — Marielle posa son pied mignon sur l'autre genou, et sauta en selle.

Les deux chevaux partirent au galop, à

l'instant même où Badabrux, célibataire, resté seul au salon, se récitait à lui-même, devant une glace, le dystique mémorable :

Français, Anglais, Lorrains que la fureur assemble!
Avançaient, combattaient, frappaient, Mouraient ensemble!

C'était une de ces belles nuits d'été, plus belles que les jours, a dit le poète.

Un poète inconnu à tous les chevaliers de Badabrux.

La lune voguait au ciel, dans une gloire de nuages argentés. Sa lumière douce éclairait vaguement le paysage, et donnait d'étranges formes aux objets.

La brise faisait onduler à peine les moissons vertes encore.

Et le long des prés humides, l'œil pouvait suivre le cours de la Vilaine, marqué par un ruban léger de brume blanche.

Le galop des deux chevaux sonnait régulièrement sur les cailloux de la route déserte.

Lacuzan et Marielle n'avaient pas encore échangé une parole.

La silhouette massive des tours Saint-Pierre se dessina en noir sur le ciel bleu. Ils arrivaient à la montée de la rue Hue.

Onze heures de nuit sonnaient au *Gros*, comme les bonnes gens appellent la grosse horloge de Rennes. Un silence effrayant régnait par la ville.

Les vibrations de l'énorme cloche tremblèrent une minute dans les ténèbres, puis l'atmosphère se tut.

Lacuzan et Marielle étaient aux portes Saint-Georges. Il n'y avait point de gardes. — Les réverbères qui brillaient d'habitude à de longs intervalles dans les principales rues étaient éteints.

Nulle lueur aux croisées revêtues de leurs contrevents épais.

C'était comme une cité morte.

Lacuzan et Marielle passèrent, au trot de leurs chevaux, sous le mur du jardin de Noyal, montèrent la rampe de la Motte, et descendirent au Champ-Jacquet par la douve de la Visitation. Le Champ-Jacquet était alors, comme aujourd'hui, une grande rue tournante située à peu près au centre de la ville.

Il y avait un feu allumé à la place où se dresse maintenant la fontaine.

Une demi-douzaine d'hommes étaient rangés autour du feu, qui plaquait leurs faces hâves de rougeâtres reflets.

Ce n'était pas pour se chauffer qu'ils faisaient ainsi du feu en plein mois de juillet; c'était pour cuire leur souper : des sardines pressées et des tranches de lard.

Ils causaient assez gaîment, tandis que leur repas grillait sur les charbons, emplissant l'air d'une fumée épaisse et salée.

Des pichets de cidre étaient par terre à côté d'eux.

Et plus loin, dans l'ombre, on voyait deux grands tombereaux attelés.

Marielle n'aurait point su dire ce qu'étaient ces hommes à mine sauvage, qui préparaient leur grossier festin sur la place publique, à cette heure de deuil — mais, pour la première fois depuis qu'elle avait quitté le château de son père, elle trembla.

Lacuzan mit pied à terre devant une

pauvre porte cintrée et double, dans le sens de la hauteur, comme les portes des fermes bretonnes.

Il frappa. Nulle voix ne répondit à l'intérieur.

— Holà! cria-t-il, Jossette du Four, ma bonne femme! c'est moi!

Les six sauvages, rangés autour du feu, se prirent à rire.

— Elle est ici, Jossette du Four, dit l'un d'eux.

Et il montrait l'un des grands tombereaux qui sortaient à demi de l'ombre.

Lacuzan était si connu à Rennes que l'idée ne put lui venir qu'on voulût se jouer de lui.

Il prit la bride du cheval de Marielle, et s'avança vers le feu.

Il n'avait pas compris le geste du mangeur de sardines.

Où donc est-elle, Jossette du Four? demanda-t-il.

Les éclats de rire redoublèrent.

— Est-ce qu'elle est guérie? demanda encore Lacuzan.

— Oui, oui... répondirent les sauvages en chœur — Jossette du Four est guérie.

— Et bien guérie! ajouta l'un d'eux en saisissant dans le feu un tison enflammé.

Il se mit sur ses pieds, et s'élança vers les tombereaux en brandissant sa torche.

Tant qu'il marcha, le vent coucha la flamme; on ne vit rien.

Quand il s'arrêta, la flamme se redressa. Marielle poussa un cri d'horreur.

Les deux tombereaux étaient pleins à

regorger. C'était la funèbre moisson de la soirée.

Et les sauvages banqueteurs du Champ-Jacquet avaient pour métier d'emplir chaque nuit ces deux charrettes.

— Tenez, s'écria l'homme à la torche en montrant une tête qui pendait hors du tombereau — voici Jossette du Four, la bonne femme!

Marielle s'était enfuie, épouvantée.

Quand Lacuzan l'atteignit, il lui dit :

— Retournons au château.

— Non, répondit Marielle, j'ai eu peur trop tôt... je n'ai pas regardé... je veux voir!

Lacuzan eut froid jusqu'au fond du cœur.

Il pensa que Marielle était folle.

Près des portes Mordelaises et vis-à-vis

des tours Saint-Pierre, une pauvre maison s'élevait.

Hier, dit-il, le père, la mère et l'enfant sont tombés malades sous ce toit.

— Entrons, prononça Marielle, dont la voix était brève comme la voix des fiévreux.

La porte était grande ouverte, la fenêtre aussi ; un silence profond régnait à l'intérieur.

Ils entrèrent.

Ils trouvèrent trois pauvres lits vides.

Le père, la mère, l'enfant avaient déjà disparu dans le trou commun.

Marielle posa ses deux mains sur son cœur qui défaillait.

Mais elle dit encore :

— Je veux voir !

Lacuzan lui fit traverser de nouveau toute la ville.

Ils redescendirent la rampe de la Motte, et, tournant l'enclos de l'hôtel de Noyal, ils s'engagèrent dans le petit chemin qui montait au tertre sablonneux où Malbrouk avait choisi sa demeure.

Dès les premiers pas, ils purent voir qu'on avait fait des brèches au mur du jardin. — Les voleurs profitent toujours des temps de calamité.

On apercevait une lueur à travers la serpillère qui couvrait les vitres du danseur de corde.

Depuis un mois entier, cet homme luttait contre le Mal d'Enfer, et le Mal d'Enfer ne pouvait pas le tuer.

Lacuzan dit :

— Restez... je vais entrer... je viendrai vous chercher.

Il passa la porte et franchit le seuil.

Malbrouk était couché sur la paille. Il avait un masque de drap noir sur le visage. Son souffle pénible gémissait et sifflait.

La Chaumel, à genoux, priait dans un coin.

Elle était si maigre et si pâle qu'on l'eût prise pour un spectre.

Malbrouk reconnut Lacuzan.

Ah! ah! s'écria-t-il; je savais bien qu'il viendrait me voir, celui-là! M'approcherez-vous, monseigneur, et me donnerez-vous la main comme aux autres?

Lacuzan s'approcha, et lui tendit les mains.

Malbrouk saisit cette main entre ses

doigts ardents. — Il la serra comme s'il eût voulu la broyer.

Puis il se retourna sur sa paille en murmurant :

— Sorcier !

— Ne restez pas ! ne restez pas ici ! disait la pauvre Chaumel.

Savez-vous ? reprit Malbrouk — les voleurs ont brisé les portes de l'hôtel ; ils ont tout pris... Je les ai appelés pour partager... ils sont venus... ils m'ont pris vos pièces d'or et les mille livres de l'autre gentilhomme, et tous les gros sous des manants.

Lacuzan lui jeta sa bourse.

— Sorcier ! grommela Malbrouk, ça ne te coûte rien, les pièces d'or !

Lacuzan retourna vers la porte et appela Marielle.

Marielle entra, voilée.

— Oh! oh! cria le danseur de corde, — elle est donc ta femme puisqu'elle court avec toi, la nuit?

— Ne restez pas! ne restez pas!... répétait la Chaumel.

Marielle avait mis sa main sur le bras de Lacuzan.

C'est à peine si elle pouvait se soutenir.

Pourtant, elle murmura :

— Qu'il ôte son masque!

Elle dit cela! — Malbrouk l'entendit.

Il ôta son masque avec un empressement plein de haine.

Cet homme, Marielle l'avait admiré naguère; elle l'avait trouvé beau.

Ce qu'il y avait sous le masque, pourquoi le dire? Tout le corps de Marielle frémit violemment.

Elle balbutia :

— Horrible!... horrible!...

Puis elle ajouta :

— Oh! j'en mourrais!... Je sens que j'en mourrais!

Lacuzan n'eut que le temps de la recevoir dans ses bras.

Il l'emporta au dehors.

Malbrouk s'était levé sur son séant. Il criait :

— Qu'elle soit maudite puisqu'elle est

sa femme! Je suis horrible, a-t-elle dit; qu'elle soit horrible comme moi!... Ah! je l'ai bien reconnue, c'est la belle, c'est la noble, c'est la riche!...

L'écume jaillissait de sa bouche.

Il se laissa retomber sur sa paille en disant :

— Si Dieu ne lui donne pas le Mal d'Enfer, moi, je le lui donnerai!

A la veillée du lendemain soir, au château de Noyal, Marielle était plus blanche qu'une statue d'albâtre.

La nuit précédente, Lacuzan et elle étaient revenus au château sans échanger une parole, comme ils étaient partis.

Seulement, Lacuzan avait entendu trois ou quatre fois Marielle qui murmurait, sans savoir :

— J'en mourrais... j'en mourrais!

En arrivant au château, elle lui avait dit : merci.

Et ils s'étaient séparés. Personne n'avait deviné leur absence.

Lacuzan assistait à la veillée.

C'était une conversation singulière, assurément, que celle qui se tenait ce soir-là dans le grand salon du château de Noyal.

On parlait du Mal d'Enfer, — comme toujours.

Et Marielle avait dit :

— Si l'un de vous, messieurs, aimait une femme, comme vous savez dire que vous aimez... et si cette femme, frappée du Mal d'Enfer, perdait sa beauté... toute sa beauté... pis que cela... si elle devenait hideuse autant qu'elle était belle... qu'arriverait-il de votre amour ?

Croyez bien que ces messieurs ne furent pas en peine de répondre des fadeurs.

Le thème généralement adopté fut celui-ci :

La belle Marielle de Noyal, ne pouvant jamais devenir laide, il était inutile de résoudre ce problème impossible.

Lacuzan seul répondit *ad rem.*

— Si la femme que j'aime comme jamais je n'ai su le lui dire, prononça-t-il de sa voix grave et sonore, — comme jamais je ne pourrai l'exprimer, perdait sa merveilleuse beauté, je m'agenouille-

rais devant elle et je lui dirais encore :
Je t'aime !

Marielle essaya de sourire.

— Je t'aime, poursuivit Lacuzan qui
mit la main sur son cœur; — je t'aime
cent fois plus, mille fois plus en ce moment qu'au jour où tu étais la plus belle.

Blanche battit des mains avec enthousiasme.

— Écoutez cela, Albert, s'écria-t-elle :
Oh ! c'est le plus noble, c'est le meilleur !...

Une larme était aux paupières de Marielle.

Si elle ne voulait pas vous croire ?...
murmura-t-elle avec émotion.

Lacuzan n'hésita pas.

— Si elle m'aimait, dit-il d'une voix

ferme et qu'elle ne voulût pas me croire...
je la tuerais, — car elle ne pourrait plus
être heureuse.

Un long silence suivit ces étranges
paroles.

Une teinte rosée avait monté aux joues
pâles de Marielle, qui se rapprocha de
Lacuzan.

— Monsieur le comte, demanda-t-elle,
avez-vous parlé sérieusement?

— J'ai parlé sérieusement, mademoiselle.

— Sur votre honneur?

— Sur mon honneur!

Les beaux yeux de Marielle brillèrent.

Elle tendit la main à Lacuzan devant
tout le monde, pour la première fois.

M. le chevalier d'Avaugour quitta le château le lendemain matin.

———

Un mois après, mademoiselle de Noyal s'appelait madame la comtesse du Grail de Lacuzan.

FIN DE LA PREMIÈRE PARTIE.

TABLE
DES
CHAPITRES DU PREMIER VOLUME.

PREMIÈRE PARTIE.
Le Mal d'Enfer.

Chap.		Page
I.	Où l'on fait connaissance avec Malbrouk, Pichenet et mademoiselle Blanche.	5
II.	Education de Pichenet. — Portrait sur émail.	35
III.	Lacuzan et son portrait au pastel.	63
IV.	Les dragons-Lacuzan. — Imprudences de mademoiselle Blanche.	99
V.	Où mademoiselle Blanche contracte son premier emprunt.	133
VI.	Où Malbrouk et Pichenet font chacun une promesse.	153
VII.	Où l'on dîne.	183
VIII.	Triomphe de Pichenet.	211
IX.	Malbrouk s'en va-t-en guerre.	241
X.	Les pressentiments.	273
XI.	Comment Lacuzan savait aimer.	303

FIN DE LA TABLE DU PREMIER VOLUME.

Fontainebleau imprimerie de E. Jacquin.

www.ingramcontent.com/pod-product-compliance
Lightning Source LLC
Chambersburg PA
CBHW060630170426
43199CB00012B/1496